明史
其实超好看

中国历史超好看

明史
其实超好看

袁恒毅◎主编　金 歆◎编著

中国华侨出版社
北京

图书在版编目（CIP）数据

明史其实超好看 / 金歆编著. —北京：中国华侨出版社，2020.7（2021.9重印）

（中国历史超好看 / 袁恒毅主编；7）

ISBN 978-7-5113-8219-1

Ⅰ.①明… Ⅱ.①金… Ⅲ.①中国历史－明代－通俗读物 Ⅳ.①K248.09

中国版本图书馆CIP数据核字（2020）第100283号

明史其实超好看

主　　编：袁恒毅
编　　著：金　歆
责任编辑：黄　威
封面设计：阳春白雪
文字编辑：张亚明
美术编辑：宇　枫
经　　销：新华书店
开　　本：645毫米×920毫米　1/16　印张：10　　字数：105千字
印　　刷：唐山楠萍印务有限公司
版　　次：2020年7月第1版　2021年9月第3次印刷
书　　号：ISBN 978-7-5113-8219-1
定　　价：228.00元（全8册）

中国华侨出版社　北京市朝阳区西坝河东里77号楼底商5号　　邮编：100028
发 行 部：（010）88866779　　　　传　真：（010）88877396
如发现印装质量问题，影响阅读，请与印刷厂联系调换。

前言

　　历史是一面鉴古知今的镜子，也是提供知识给养的文化食粮。尤其是对广大青少年而言，读史不仅是积累知识的有效方法，也是提升语文写作能力的重要途径，更是积淀良好文化素养的成功之道。作为优秀的历史读物，《中国历史超好看》将为青少年开启新的阅读视野……明朝，是我们此时阅读之旅的第七站。

　　1368年正月初四，朱元璋在应天，也就是今天的南京登基，年号洪武，国号明。至此，元朝灭亡，大明帝国开始。

　　太祖崩，而后有"仁宣之治""弘治中兴""隆庆新政"，中间自有奸臣乱国、阉党横行之污流，亦有戚继光、左光斗、徐阶、张居正等人的振作。大明朝将近300年的国祚，因为有这些多彩画面，才给后人留下诸般思考。

　　1638年，皇太极进攻明朝，将近300年的大明帝国大厦轰然倾倒，留给我们的是滚滚烟尘和无尽思索。

　　明朝是汉族地主阶级建立的最后一个王朝，也是中国历史发展进程的一个重要转折时期。大明帝国将封建帝制文化传统推到了极致，是中国两千年帝王政治的集大成者。其对于中国政治传统、文化传统的影响既深且巨。

　　明朝的由盛到衰富于戏剧性，其间出现的人物和发生的事件独特离奇：有中国古代唯一曾经当过和尚的皇帝，恐怖的特务统治，祸乱沿海的"倭寇",痴迷于木工的木匠皇帝,自封为"威武大将军"的玩乐皇帝,迷离的梃击、红丸、移宫等三大奇案,等等。

读明史,我们看到了明朝帝王频繁更替下的各种较量——大臣之间,文丞武尉,明争暗斗;主仆之间,利用、胁迫与真情、慈悲交织;手足之间,面临欲望与义理的抉择;敌我之间,充斥着实力与心智的博弈。

读明史,我们看到了一个帝国由盛而衰、由兴而亡的背后故事——骨肉相残之痛、权宦迭起之恨、奸贼横行之怒、宫闱恃宠之躁、流寇殃民之殇,加之朝堂上纷纷扰扰的派系之争、虎视眈眈的强敌,曾经的锦绣河山终弄得一败涂地,可悲可叹。

全书将整个大明王朝将近300年的历史,分为"收拾山河——草根皇帝的个人'奋斗史'""纵欲时代——子孙们的败家接力赛""日落黄昏——由一哥变成老弟的岁月"三个阶段,全新解读中国历史上最后一个由汉族人建立的封建王朝。

本书以正史为蓝本,注重还原真实历史,为青少年梳理构建完整的历史脉络和框架。全书语言通俗易懂、生动有趣,故事精彩纷呈、博人眼球,让青少年花最少的时间轻松读历史,从而培养他们对历史的浓厚兴趣。通过精彩的人物事迹和历史故事,也能提升青少年的历史知识,开阔他们的视野,奠定他们受用一生的历史文化基石。

此刻,让我们一同走进明朝的过往,一起去透过历史迷雾,还原历史真相吧!

目 录

第一卷 收拾山河——草根皇帝的个人"奋斗史"

第一章 渴望温饱的年轻人 … 2
像肥皂剧一样乏味的童年 … 2
被迫表演的一场场哭戏 … 4

第二章 为活命,积极投身起义 … 7
成佛还是举枪,这是个问题 … 7
傍上了一个江湖大佬 … 9
朱元璋的第一桶金 … 13
集庆,俺老朱来了 … 15
两个男人齐登场 … 19

第三章 这是最后的斗争 … 23
放牛娃的春天 … 23
占领元都,回家吃饭 … 27

第四章 江山是怎样炼成的 … 31
敢犯错,扒你皮 … 31
明朝的锦衣卫 … 33

第五章　帝二代的"杜拉拉升职记" ········· 36
史上最健康的精神病 ················ 36
朱允炆，把你的宝座让给我 ············ 40
叔叔你好狠 ···················· 43
叔叔来了，侄子没了 ················ 46

第六章　激情燃烧的永乐岁月 ············ 49
迁都，迁出了一段帝国盛世 ············ 49
万国来朝，我很欣慰 ················ 51
散财童子下西洋 ·················· 53
生于战火，死于征途 ················ 54

第七章　仁宗是个好皇帝 ··············· 58
减税是个好办法 ·················· 58
仁的政策放光芒 ·················· 60

第八章　宣宗也是好样的 ··············· 64
好叔叔，你就降了侄儿吧 ············· 64
周忱的改革有力度 ················· 67
君子留下，小人离场 ··············· 70

第二卷　纵欲时代——子孙们的败家接力赛

第一章　四集联播：皇帝—俘虏—囚犯—皇帝 ······· 74
这回真的无路可逃了 ················ 74
北京！北京！ ··················· 78

一个朝廷，两个皇帝 ·················· 82

第二章　成化，一个哭笑不得的时代·········· 86
　　我爱你，就像老鼠爱大米 ················ 86
　　纪姑娘的肚子 ······················ 90
　　李孜省修道成仙糊弄上司 ················ 93

第三章　弘治：活着就是做有意义的事········· 97
　　因为懂得，所以慈悲 ·················· 97
　　祖宗之法也得变 ···················· 100

第四章　正德朝的光荣败家史············· 101
　　我的爱好是娱乐 ···················· 101
　　把命玩丢了 ······················ 105

第三卷　日落黄昏——由一哥变成老弟的岁月

第一章　隆庆：让他们玩吧，朕是过客········ 110
　　穆宗受伤了 ······················ 110
　　算你狠，我们走着瞧 ·················· 113
　　与俺答进行的双边会谈 ················· 117

第二章　大明王朝的皇帝改姓张了··········· 121
　　老办法新花样 ····················· 121
　　看不顺眼就要闹 ···················· 124

第三章 万历：我练的不是贱，是无奈 ……………… 128
抄家伙，出气的时候到了 ………………………… 128
皇帝休长假 …………………………………………… 132
女真兴起 ……………………………………………… 135

第四章 朱常洛的悲催生涯 ………………………………… 139
皇帝很烦恼，皇帝不高兴 ………………………… 139
册立太子：总算熬到头了 ………………………… 142
泰昌的大限到了 ……………………………………… 146

结 语 …………………………………………………………… 148
日月无光，天黑黑 …………………………………… 148

第一卷
收拾山河——草根皇帝的个人"奋斗史"

第一章

渴望温饱的年轻人

像肥皂剧一样乏味的童年

南宋祥兴二年（1279年）二月初六日，看着最后一艘战船缓缓沉入海底，一个失败的男人无奈地抱着自己的小主人蹈海殉国了。自此，多灾多难的百姓们开始过起暗无天日的悲惨生活。

面对统治者无情的压榨，百姓只能默默地忍受。但是他们心中都有一个坚定的信念：终有一天会有一个人从他们之中脱颖而出，带领他那可怜的同胞们脱离苦海，恢复往昔的荣耀。

元朝末年，官吏贪污剥削现象愈加严重，接二连三的无情天灾更是把不堪重负的国家经济推向了崩溃边缘。史载，元统元年（1333年），京畿大雨，饥民达四十余万。二年（1334年），江浙受灾，饥民多至五十九万，至元三年（1337年），江浙又灾，饥民四十余万。至正四年（1344年）黄河连决三次，饥民遍野。

就是从这样一个黑暗的时代里，走出了一个叫朱元璋的人。他逐渐走上了历史舞台，开始书写自己以及同胞的命运史诗。

和大多数封建皇帝一样，为彰显其是"人中之龙"，朱元璋的降生也被蒙上了一层神秘的面纱。据《明史》记载："母陈氏，梦神授药一丸，置掌中有光，吞之，寤，口余香气。及产，红光满室。自是夜数有光起，邻里望见，惊以为火，辄奔救，至则无有。比长姿貌雄杰，奇骨贯顶。志意廓然，人莫能测。"

这个天命所归式的渲染显然并不是真实的历史。实际上，和历史上无数的"同行"比起来，朱元璋的童年不免黯然失色：他非但没有显赫的家世，家庭出身也实在不怎么好。

朱元璋出生在安徽濠州县（今安徽凤阳县）一个赤贫的农家，祖上交不起官府的赋税，万般无奈地过着在淮河流域居无定所、四处躲债的日子。后来，朱元璋的父亲想尽办法，终于在一个叫钟离村的地方做了佃户，朱家就从此在这片干旱又时疫肆虐的土地上扎根谋生。

由于营养不良，朱元璋小时候体弱多病，瘦得皮包骨头。朱元璋的父母十分迷信，认为只有观音菩萨才能救他一命，保佑他平平安安地活下去。于是，他们把幼小的朱元璋送到了附近的皇觉寺，让朱元璋拜寺里的老僧人高彬为师。而父母的安排也为他后来的人生轨迹埋下了伏笔。

出身贫寒也罢，可就连朱家沿袭的家族名号都粗俗不堪，难登大雅之堂。史料记载，朱元璋的祖父名叫朱初一，父亲名叫朱五四，母亲名叫陈二娘，大哥名叫朱重四，二哥名叫朱重六。至于朱元璋本人，因为他在家族中排行老八，所以原名朱重八。这样的名字实在是叫人哭笑不得，以至于后来就连朱元璋也觉得名字太过粗俗，不仅自己改名为朱元璋，还给父亲追赠了个名字"朱世珍"。

然而，和他那些从小就有远大志向的"同行"颇为不同的是，在朱元璋的少年时代，他似乎并没有什么雄心壮志。在项籍见始皇车马仪仗威风凛凛而低呼"彼可取而代也"的年纪，朱元璋却安逸地坐在水牛背上，做着他人生的第一份工作——放牛。

不过，对这份工作而言，朱元璋并不是一个尽职的员工。为了填饱肚皮，他和几个年龄相仿的穷小子在野外把地主刘德的小牛犊宰了分食。饱餐之后，朱元璋才意识到问题的严重性。为了逃脱责罚，他自作聪明地将小牛的皮骨埋了，把牛尾巴插进一条石缝中，骗刘德说是小牛自己钻了山洞。很快，朱元璋就为自己这种监守自盗的行为付出了相当沉重的代价：地主刘德一眼识破了朱元璋的拙劣骗术，把朱元璋吊在院落中一顿毒打。

刘德还因此事把朱元璋关进柴房不给他饭吃，想借此狠狠地惩戒一下。饥渴难耐的朱元璋翻箱倒柜，竟无意中在一个老鼠洞里发现了些五谷杂粮，就赶紧把这些东西一股脑儿地倒进锅里煮粥来吃。后来，已经是皇帝的朱元璋回忆起这段凄惨的经历，不由得百感交集，便命宫人重做这昔日的救命粥。

没有显赫的家世，也没有激昂的少年壮志，有的只是平淡无奇、索然无味的单调生活。这个名不见经传的少年，在凤阳那个破败的乡间，整日围绕着温饱这个实际而迫切的问题四下奔波，就这样度过了人生最初的十六个年头。也许，能吃一顿饱饭，就是朱元璋在童年时代的最大梦想。

他的少年时代凄苦伶仃，整日在饥饿、斥骂、毒打与压榨中煎熬——这些身处社会最底层的经历，绝对是他的大部分"同行"从未有过的遭遇；而正是这种"与众不同"，决定了朱元璋将是一个与众不同的君王，而他一手建立的帝国也注定将是非比寻常的。

当然，苦难中往往孕育着奇迹。正所谓"宝剑锋从磨砺出"，无尽的灾难、刻骨的伤痛、残酷的社会现实以及在死亡线上艰难求生的蹉跎岁月，无一不是磨砺他、铸造他以及最终成就他的"功臣"。更重要的是，朱元璋的少年时代也并非只是无尽的苦难生活，在这段称不上"美好"的童年时光中，朱元璋还是得到了一份上天赐予的礼物：他结识了自己一生中最重要的伙伴，如徐达、汤和、周德兴等。正是这帮昔日在凤阳乡间浪迹的穷小子们帮助后来的朱元璋东征西讨、南征北战，最终建立起大明江山的基业。

被迫表演的一场场哭戏

朱元璋一晃已经十七岁了。在"同行"们的事业起步之年，他依然待在凤阳那个破败的乡下，依然优哉游哉地过着那并不幸福的"肥皂剧"生活，对未来的一切浑然不觉，就更别提作为一个开国者的职业觉悟了。然而，上天断不会允许一个命中注定要雄起的人继续消沉。为了"修正"朱元璋的人生轨迹，上天毫不吝啬地降下天劫——只是，这天劫不但来势汹汹，其艰难程度更是挑战人类极限。

元至正四年（1344年）的春天，天劫突如其来，各种天灾人祸接踵而至，纷纷降临到凤阳这片土地上。《明史》记载："旱蝗，大饥疫。"在这个灾难深重的春天，朱元璋那原本就脆弱不堪的生活轰然坍塌：不到半个月，其父、其母、其长兄先后感染疫病，不停地上吐下泻，命悬一线。此时的朱家境况如何呢？

朱元璋的大姐、二姐早已嫁人，三哥入赘别家，做了"倒插门"女婿，当家的就只剩下他和二哥两人。家里穷得叮当响，兄弟俩苟活于世尚且不易，哪里还有钱找郎中医治亲人的病痛呢。束手无策的朱家两兄弟眼睁睁地看着亲人痛苦地相继病逝，不禁抱头痛哭。

"俄而天灾流行，眷属罹殃，皇考终于六十有四，皇妣五十有九而亡。孟兄先死，合家守丧。"（《御制皇陵碑》）后来，朱元璋贵为九五之尊，在修筑皇陵时，他回忆起这段心酸往事，不由感慨道，"魂悠悠而觅父母无有，志落魄而徜徉"，可见当时朱家境遇之惨。

在中国历史上，朱元璋算是一位极为独特的皇帝——生于社会最底层，一路摸爬滚打，崛起于草莽之间；相比于朱元璋，其父朱五四，大明王朝的第一任太上皇，"独特"之处更是有过之而无不及：这位可怜的太上皇不但生前没有沾过半点皇家祥瑞，没享过一天荣华富贵，死后甚至连个下葬的地方都没有。对于太上皇的身后事，《明史》言简意赅地用了四个字，"穷不克葬"，也就是说穷得都没法下葬了。

朱元璋的父亲作为一个标准的佃户出身，一辈子面朝黄土背朝天，辛勤地在地里劳作，到死时却依然一无所有——连下葬的地方都没有，这是何等悲哀。即使后来在邻里的慷慨帮助下，朱父的遗体勉强下葬，却仍是"殡无棺椁，被体恶裳，浮掩三尺，奠何肴浆"。

痛失考妣的朱元璋，其心仍沉痛不已，然而为了给父母讨一块下葬的地方，迫于无奈，他不得不放弃男儿尊严，整日奔波于亲朋好友、街坊邻里之间，表演一场场的哭戏，希望能用一声声苦苦哀求与一次次声泪俱下的申诉，换得一块不大的土地来安葬逝去的亲人。

走投无路，朱元璋甚至敲开了昔日"老板"地主刘德的宅门，求他发发善心，施舍自己已逝的亲人一块小小的安葬之地。刘德不愧是铁石心肠，任凭朱元璋如何声泪俱下，刘德丝毫不为其所动，他不但断然拒绝了朱元璋的哀求，甚至以趾高气扬的架势对朱元璋百般讥讽，在恶毒的诅咒声中，朱元璋被轰出门去。

放弃尊严，不过求一块微薄的安葬之地。但这个世界从不在乎眼泪，眼泪唤不回逝去的亲人，眼泪抚不平内心的伤痛，眼泪得不到别人的同情、帮助，眼泪求不来哪怕些许的坟地安葬双亲……此时，朱元璋才第一次深深地体会到何谓人情冷暖。

幸而朱家邻居，有一个叫刘继祖的老实人，谦和仁慈的他觉得这朱家两兄弟实在可怜，就善心大发，主动提出可以让朱家二老葬在自家地里。于是兄弟俩赶忙找出几件破衣烂衫裹了亲人尸体，抬到坟地草草地埋了。几经周折，朱五四这位可怜的太上皇，终于算是在九泉之下瞑目了。

亲人离世在朱元璋心中刻下了无法愈合的伤痕，此生难释怀，以致后来他亲题《皇陵碑》时，还念念不忘地提及此事："田主德不我顾，呼叱昂昂，既不与地，邻里惆怅。忽伊兄之慷慨，惠此黄壤。"世态炎凉，灾难的惨痛、富人的冷酷、穷人的慈善，让朱元璋饱尝了生活滋味。家中变故无情地终结了他的童年，却引他走向了一个更加广阔的新世界。在某种程度上，这件事情甚至重塑了朱元璋的部分观念，而这些观念深刻影响了后来的大明帝国。

朱元璋是可爱的：龙兴之后的朱元璋没有忘记刘继祖的恩情，不仅追封刘继祖为义惠侯、其妻娄氏为义惠侯夫人，还对在世的刘氏后人关怀备至。朱元璋先后三次召刘氏后人赴京，广赐田宅、器具，御赐棺衾，甚至在修皇陵时也不忘嘱咐："坟墓皆吾家旧邻里，不必外徙。春秋祭扫，听其出入不禁。"对于寻常百姓来说，皇陵的待遇也算是亘古未有的荣耀了。

朱元璋是无情的：面对命运的无情与富人的冷酷，历尽坎坷的他意志越发坚强，慢慢练就了一副铁石心肠。朱元璋后来对富人坚决打击、对穷人政策倾斜的治国思想，想必也与这次刻骨铭心的经历有关。

第二章

为活命，积极投身起义

成佛还是举枪，这是个问题

白莲教兴起于南宋初年，到元朝时已是声势浩大的一个很重要的民间宗教组织，在元朝前、中期，白莲教甚至一度受到元统治者的褒奖。然而，颇有讽刺意味的是，正是这个屡受皇恩的白莲教拉开了元末农民起义的序幕。

元至正十一年（1351年）春，朝廷强征河工17万人修河堤。几个河工无意间在河道下挖出了一个独眼石人，背部还刻着"石人一只眼，挑动黄河天下反"。于是，在不到一个月的时间里，一个叫韩山童的白莲教法师走上了历史的舞台。五月初，韩山童、刘福通等人杀白马黑牛以祭天地，宣称韩山童为宋徽宗八世孙，还聚众3000余人起义反元，豪气冲天地立誓："龙飞九五，重开大宋之天。"

抛开种种情感因素，这件事情显然是一个阴谋。所谓的"石人"，显然是韩、刘二人事先准备的。据史料记载，至正十年（1350年）时，关于石人事件的童谣就早已传得沸沸扬扬；而炮制这么个事件，无非是农民起义的老把戏——正名。

不管怎么说，元末农民起义算是风起云涌地展开了。"当是时，元政不纲，盗贼四起。刘福通奉韩山童假宋后起于颍，徐寿辉起于蕲，李二、彭大、赵均田起于徐，众各数万，并置将帅，杀吏，侵略郡县，而方国珍已先起海上。他盗拥兵据地，寇掠甚重。天下大乱。"（《明史·太祖本纪》）在很短的时间内，各地群雄并起。

此时的朱元璋在干什么呢？

经过三年的流浪，朱元璋重新回到了皇觉寺，做起了吃斋念佛的和尚。种种迹象表明，这时候的朱元璋并没有参加起义军的意图。当然原因很简单：起义是要承担风险的。对于一个随时可能掉脑袋的事情，谁都会仔细斟酌。倒不是朱元璋贪生怕死——因为不计后果率性而起的从来不是英雄，而是莽夫；只有那些善于忍耐、懂得把握时机的人才是真正的英雄。朱元璋的持重就是出于这样的原因。

中国有句俗话："枪打出头鸟，刀砍地头蛇。"在元末群雄并起的时代，朱元璋继续蛰伏的选择极为聪明。翻开历史，我们不难看出，在历朝历代的农民起义中，那些行动最早、呼声最高、实力最强的往往是死得最惨的。秦末的陈胜、吴广高呼"王侯将相宁有种乎"，何等意气风发！结果不到半年的时间，两人先后被杀。又如唐末的黄巢，一句"冲天香气透长安，满城尽带黄金甲"同样豪情万丈，但也逃不出兵败身亡的结局。

拿元末来说，起义最早、人气和呼声极高的韩、刘二人显然无法成功，其原因有二。

其一，虽然元朝已是大厦将倾，但瘦死的骆驼毕竟比马大。一个王朝的积淀不容小觑，面对这些义军，元帝国总是要做一番拼死挣扎，矛头自然指向人气最高的韩刘义军。韩刘必将承受旧势力的疯狂反扑，自身尚且难保，何谈积蓄力量、发展壮大？

其二，元朝之亡虽属必然，但并起的群雄所盼望的是"逐鹿天下"的局面；韩、刘声势太盛，必然被各地群雄视为最大竞争者，难免遭到各地诸侯的群起而攻。

鉴此两点，我们不得不承认朱元璋是明智的。

成佛还是举枪，这对于朱元璋来说从来不是问题：成佛是暂时的，举枪则属必然。朱元璋虽身在佛寺，心却无一日不想着那尘世间的种种，因为此时的朱元璋已经具备了逐鹿天下的资本。

他有见识。数年的流浪生涯，朱元璋的足迹遍布光、固、汝、颍诸州，对淮西一代的山川地貌、风土人情有了深刻的了解。

他有本领。从《御制皇陵碑》一文我们就可以看出，朱元璋还是有些文采、有一定文化的。在皇觉寺蛰伏期间，朱元璋发奋读书，广泛涉猎各类书籍。而年少时的苦难经历，更是铸就了他坚毅、果敢的性格。这一切的一切都在后来朱元璋称雄天下的过程中起到了举足轻重的作用。

他没有后顾之忧。此时的朱元璋，父母已逝，孑然一身，了无牵挂。没有家庭与亲人的束缚，他已敢于放手一搏；在乱世之中，朱元璋大可以更加灵活地选择适合自己发展的道路。

此时的朱元璋已经做好了举枪的准备，但他依然蛰伏着，不参加，但不代表不想参加，朱元璋时刻关注着时机的变化，等待着一个供他横空出世的绝佳机会。

傍上了一个江湖大佬

元至正十二年（1352年）闰三月初一的早上，朱元璋收拾好行李——其实就是一只小布袋里的几件衣物而已，跨出皇觉寺大门，踏上了去往近邻的濠州的路途。朱元璋是要去"参军"的。

濠州城内驻扎着的数千名红巾军已被元军盯上，元政府的彻里不花率大批精兵前来围攻，逼迫红巾军退到城南三十里处休整。城里城外均被一股紧张和肃杀的气氛笼罩着，稍有风吹草动，懦弱者就要害怕一阵。

此刻负责守城池的郭子兴在他的元帅府内紧锁眉头，在脑海里思索着一条完美的守城大计。这时走进一小头目，禀报说在城门口活捉一个自称来投军的探子，呼喊着要见大帅。苦恼于元军围困的郭子兴正在气头上,听到有"探子"来访,自然来了兴趣:官军都要杀进城来了这人还来投军,自己不妨亲自去探个究竟。

来到城门口,郭子兴下马端详来人:此人相貌甚是奇特,"地包天,下巴突出,额头也向前凸出",头部呈上下凸出,中间凹陷形状,侧看如月牙。气质也不凡,正是"志意廓然,人莫能测"(《明史·太祖本纪》)。

朱元璋可能没有料到,眼前这个带有几分威严的人竟是他一生中的大贵人,一个懂得赏识、愿意重用他的人。尽管后来的郭子兴对朱元璋也有些压制和猜忌,但仍多以信用、提拔为主。朱元璋在郭子兴的提携和栽培下,事业蒸蒸日上。

郭子兴质问他是否探子,来此地何事,又恐吓他若敢狡辩,就立即叫人拉出去砍头。朱元璋起初还有点紧张,但对此次来投军的风险他早有准备,就索性平静下来:"都来了,还怕什么!"所以他镇定地回答了大帅的提问。

出乎郭子兴意料的是,他从眼前这个人的眼神里看到的是镇定,而非惊慌。平时看惯了手下唯唯诺诺的郭子兴,突然见了一个不惧威严的人,不禁眼前一亮,心里对来人颇为欣赏。于是,郭子兴叫人放开朱元璋,细细问了详情。原来,这人确实是来投军的,部下汤和便是"中间人"。

就在这天,二十五岁的朱元璋如愿加入了红巾军,开始了他长达十五年的战斗生涯。他被编入郭子兴的亲兵队伍,郭大帅成了他的直属上司。

朱元璋在军营中渐渐崭露头角。他看得出郭子兴对自己有意栽培,如同找到了组织一般认真肯干,甚是卖力。路遥知马力,认识朱元璋越久,他身上异于同龄农民士兵的特点就越发被郭子兴看好:这个年轻人思路清晰,说话做事有条不紊,交给他的事无不办得妥帖至极;他不浮躁,不莽撞,没有一个同龄人有他的那份稳重干练。

朱元璋在沙场上也是勇敢无比,"从旁翼卫,跳荡无前,斩首捕生过当"，在亲兵里可谓出类拔萃。两个月后，朱元璋顺理成章地被提拔为九夫长，开始领导九人的队伍。他总是身先士卒，所获的战利品却从不中饱私囊，队伍里的人都乐意听其指挥，连职位高他一截的汤和都经常围着他转，小事大事都前来咨询一番。

郭子兴其实是个草头王，地主出身的他全凭自己一手壮大起来的队伍守卫着濠州城池。他想广聚天下英才，培养一帮自己的亲信，以发展壮大自己的事业。眼前这个朱元璋确实不凡，郭子兴有意将他培养成自己的心腹——除了父子、兄弟关系最亲外，再有，就是姻亲关系了。

郭大帅一拍脑袋，自己不正有个适龄的义女吗？

这个义女年方二十，姓马，名字不详，民间习惯称呼她"马秀英"。马秀英早年母亲亡故，父亲生前与郭子兴交好，父亲去世后郭子兴便收她为义女。据说这马姑娘有一双天足，人称"马大脚"。生于贫困人家的马姑娘经历过艰难困苦，个性坚韧，做事谨慎。她"有智鉴，好书史"（《明通鉴》）；肚子里有货，看人自然也准，自然对朱元璋另眼相看。

马秀英嫁给朱元璋以后，夫妻二人恩爱有加。有一回，在岳父大人猜忌及被他人怂恿之下，朱元璋被关了禁闭。郭子兴的几个儿子欲趁机置他于死地，想活活饿死他。两天后，妻子马秀英得知这一消息，随即烙了一块饼，准备趁看丈夫时悄悄带给他。快到关押的地方门口时，马秀英看到郭子兴的几个儿子远远走来，她以迅雷不及掩耳之势将刚烙好的饼揣入怀中，等把饼送到丈夫手里时，怀里的那块皮肉已经被烫伤了。

成功男人的背后总是站着一个了不起的女人，这话用在马姑娘身上可一点儿也不假。马姑娘旺夫，随丈夫南征北战的她最终助夫君成就了帝王之业。中国历史上的"四大贤后"中就有她（其余三位是东汉光武帝阴皇后、唐太宗长孙皇后、元世祖察必皇后）。

成为义军元帅的女婿后，朱元璋第一次有了地位，前途也越发远大。军人生涯虽然风险最大，但收益也高。这是朱元璋生平第一次这样喜欢军人生活；他甚至发现了自己与生俱来的军事才能，无须军校培养。

不久，朱元璋从小队长一路高升，先是镇抚，很快又升为总兵官。年纪轻轻，资历又浅，晋升太快的朱元璋难免引来郭子兴手下其他总兵官的不服、愤恨，甚至忌妒。风头过健，往往会成为众矢之的；不过，能成为众矢之的，往往因为人家的能力就摆在那儿。

终于，朱元璋的声名威望均位列总兵官之首——按理说，头把交椅自然由他来坐，然而老资格军官为此大为不解。流言蜚语越传越离谱，说什么朱元璋是靠"娇客"的身份上位的，说什么"出生入死不如娶个好老婆"，等等。

为了树立自己的威信，朱元璋首先放下身段，以退为进。古代既是"以右为尊"，他就吩咐在兵官例会前把会议室的椅子换成长凳，开会时各人可以自由挑选座位。不出朱元璋所料，他有意迟到的这天，各位将领毫不客气地占据了右边的座位。他二话不说，顺势坐在了左边的位置上。

会议正式开始。讨论军事问题的时候，从右边第一人开始发言；然而这些大老粗们吭哧半天，也说不出几句有水平的话。最后轮到朱元璋发言，他侃侃而谈，分析得入情入理，听得大家频频点头，最后意见获得采纳。几次会议过后，各个兵官自觉把右首的位置留给朱元璋。朱元璋的威信就这样树立起来了。

朱元璋手上的砝码多了起来，岳父的事业也如日中天。岳父的恩情朱元璋从未忘怀，从此对岳父更加尽心尽力——冲锋陷阵，固守城池，化解矛盾，还曾极力救回岳父大人的一条性命。然而，在称王这件事上，朱元璋一直不支持郭子兴。因为他从来不是一个理想主义者，而历史从来都是识时务者的天下。

朱元璋的第一桶金

又是第三个年头，腐朽的元王朝已然崩溃，但这场席卷全国的叛乱风暴似乎远远没有停息的迹象，反而愈演愈烈，在中原大地无情的肆虐。定远作为一个江淮腹地的小县，自然也难以幸免。至正十三年（1353年）的春天，伴随着依然凛冽的寒风，20多个年轻人踏上了这片饱受战火摧残的土地，按照说书人的经典说法，"这里将是传奇开始的地方"。

这年春天，朱元璋终于下定决心，毅然离开了郭子兴的保护伞自立门户，打拼自己的一番天地。"时彭、赵所部暴横，子兴弱，太祖度无足与共事，乃以兵属他将，独与徐达、汤和、费聚等南略定远。"《明史·太祖本纪》

对于"南略定远"一事，《明史》中只有草草的数十字，显得微不足道。的确，和后来气贯长虹、金戈铁马的诸多大战役相比，"南略定远"颇有些波澜不惊。但平淡并不代表不重要，这场战争的重要性是不言而喻的，就好比万里长征迈出的第一步一样。只有深入透彻地看到这一仗对朱元璋境遇造成的转变，我们才能明白这一战的重要性。

朱元璋在"南略定远"之前的境遇可以说很不好。此时的朱元璋手中无兵，这是最直接也是最致命的地方。当时追随朱元璋的不过二三十人，这点人马，充其量就是一个步兵小队，想要攻城略地显然不够。而且离开了郭子兴，朱元璋连个地盘都没有。

对一个心怀天下的人来说，要想争雄天下，一个稳固、安定、富足的根据地显然很有必要。刚刚白手起家的朱元璋急需一个稳固的根据地来积蓄力量，尽快发展壮大自己才是乱世中的生存之道。这时候的朱元璋也缺乏必要的援助。虽然郭子兴在面子上还是朱元璋的"岳父"，但二人的关系已不如往昔——显而易见，若是关系好，朱元璋也不会离郭而去、另立门户了。在此时希望郭子兴施以援手是不现实的，郭子兴巴不得朱元璋在定远被干掉，不添乱已经是万幸了。既然指望不上郭子兴，那么其他人呢？环顾中原，群雄并起，大家争天下打得不可开交，谁也不愿意培养出一个新的竞争对手。

境遇不佳的朱元璋急迫地需要通过"南略定远"充实自己、发展自己。但显然区区二十余人是完不成这个重要使命的。于是"招兵买马"作为当务之急摆在了朱元璋面前。

招兵，俗称拉壮丁。这是战争时期，诸侯们最常用的手段。这个方法最简单也最直接，可以很快拉起一支队伍来。对于这个方法，朱元璋和他的精英们显得轻车熟路。在很短的时间里，朱元璋便拥有了一支上千人的部队。但通过这个方式组建的部队，战斗力究竟怎么样呢？

很明显，这些刚刚放下锄头的老百姓，战斗力是极为有限的。依靠这样的部队去打定远，无疑是以卵击石。朱元璋需要的是一支经过战争洗礼的部队，人数要更多，战斗力也要更强。这样的军队有吗？有！朱元璋很快就盯上了它。

定远城附近有个张家堡，驻扎着一支3000人的队伍。这支队伍时值孤立无援、没有归属的处境，而朱元璋和这支队伍的首领是有些交情的。这样的好事，用诸葛亮的话来说就是"此殆天所以资将军，将军岂有意乎"。朱元璋不是刘备，这样一支军队，这样一个好机会，他显然是不会错过的。于是，朱元璋以"叙旧"为名，摆了一出"鸿门宴"，干净利落地干掉了这支部队的首领，毫不客气地接收了这支队伍。

朱元璋终于可以长舒一口气了，毕竟手中有兵心中不慌。手中已经拥有了4000余人，朱元璋对拿下定远颇有信心。但是在定远，朱元璋还有一个实力雄厚的强敌——横涧山的缪大亨。缪大亨是个土生土长的定远人，群雄并起之时，此人也拉起了一支队伍。可是此人不但不反元，还拉着队伍帮元军攻打濠州城，希望分一杯羹。结果不但濠州城久攻不下，元军还被杀得大败，缪大亨大败而归，无奈退守定远。"初纠义兵,为元攻濠,不克,元兵溃。大亨独以众二万人与张知院屯横涧山,固守月余。"(《明史·卷一百三十四·列传第二十二》)

此时的缪大亨,实力是朱元璋的数倍,又是在家乡作战,可谓占尽天时地利。尽管占有诸多优势,缪大亨必败的命运却已经注定。因为缪大亨兴的是不义之师,助纣为虐,是为不义。缪大亨又缺乏谋略,手握雄兵数万,却坐看朱元璋由弱变强——如此不思进取,只图自保,乃是兵家大忌。此外,缪大亨的部队缺乏一个明确的目标和斗争方向,军队缺乏凝聚力,将兵离心,军心涣散,士气低落。反观朱元璋,有明确目标,显然是民心所向。另外,朱元璋目标非常明确——在定远扎稳脚跟,发展自己。而且,朱军刚刚智取了张家堡,实力大增,军中士气高昂,上下一心,同仇敌忾,军队战斗力飙升。

经过一番认真的研究分析,朱元璋决定开始行动了。一场漂亮的夜袭即将展开。

史载:"太祖以计夜袭其营,破之,大亨与子走免。比明,复收散卒,列阵以待。太祖遣其叔贞谕降之,命将所部从征。"如书中所载,这场精彩的以少胜多的战役只用了不到一天的时间,就以缪大亨投降、朱元璋完胜而降下了帷幕。

经此一战,朱元璋不但完成了既定目标"南略定远",而且意外地得到了缪大亨手下20000人的军队。朱元璋境遇大为改观,这是他在称雄天下的道路上迈出的坚实的第一步。

集庆,俺老朱来了

紫金山,虎踞龙腾;石头山,陡峭险要;长江水,日夜奔涌。朱元璋举目远眺,弥漫的水气中,一座城池若隐若现。那就是朱元璋心心念念的集庆。

集庆就是现在的南京。南京可是个好地方,背山面水,实属"王气所在"。除了风水好之外,集庆还是一个农业发达、商业繁荣的地区。

如此宝地，实在无法不被朱元璋注意。

朱元璋在定远时收入麾下的将领冯胜，不仅是个难得的将才，更是一个非常有远见的人。他向朱元璋提出，应该马上渡江而战，攻占集庆。朱元璋深以为然，想要攻战天下，就先攻占一个曾经的帝都吧。朱元璋下定决心，占领集庆！

应该说，占领集庆是一个非常正确而重要的决定。朱元璋当时的兵力不可小觑，但他所占领的城池过于狭小，几万人的吃喝可是个大问题。集庆凭借其得天独厚的地理位置历来是兵家必争之地，能够占领这个交通枢纽加粮食重要产区，才有可能进行下一步的动作，逐鹿天下。

可是，一个问题立刻就摆在了眼前：渡江已定，但是，船在哪儿？

朱元璋虽然手握重兵，兵种却十分单一，不是步兵就是骑兵，没有一个能下水战斗。没有水军，是朱元璋攻陷集庆的最大障碍。

好在，这个问题随着两个人的出现得到了彻底解决。史载："会巢湖帅廖永安、俞通海以水军千艘来附，太祖大喜，往抚其众。"巢湖帅，说难听点其实就是海盗头子，平日里打家劫舍、杀人越货。廖、俞的上千条战船，说白了就是些战斗力平庸的渔船，并且在后来的战役中成了朱元璋的掣肘。但在此时，聊胜于无。在朱元璋眼里，能带给他水兵的人就是最有用的人。

不得不说，廖、俞二人实在有眼光，他们在一个最恰当的时机，把宝押在了最正确的人身上。

说是攻占集庆，朱元璋却没有冒进，他发挥了天才的军事才能：提出攻占集庆，首先要攻打采石——进可攻，退可守，免得一个不慎，无力回天。攻下采石后，朱元璋又一举拿下太平。此乃一着险棋：此时的太平周围尽是元朝的军队，元右丞阿鲁灰、中丞蛮子海牙等军队拦着水路，陈野先水军的将领康茂才率领数万人正猛攻太平。然朱元璋派兵前后夹击，生擒了陈野先，一并接收了其军队。只不过，这个陈野先，竟会成为后来攻打集庆而不得的原因。

元至正十五年（1355年）秋，义军开始攻打集庆，《明实录》载："发兵攻集庆路，留陈野先于太平。命元帅张天祐率诸军及野先故部曲以行，兵至集庆，攻之，弗克而还。命元帅张天祐率所部军攻集庆，陈野先遂叛，与元福寿合兵来拒，战于秦淮水上，我师失利，天祐、郭元帅皆战死。"郭天叙、张天祐率军两次攻打集庆，却均因陈野先的背叛而失败，郭天叙、张天祐也在这两次战役中战死。陈野先叛逃后被民兵所杀，他的从子陈兆先收拾他的余部，屯聚于方山，继续与朱元璋为敌。

对朱元璋来说，两次失败，未尝不是一件好事：一直以来压在他头上作威作福的郭子兴之子郭天叙没有了，郭子兴的旧部下张天祐也没有了。郭子兴的余威终于散去，他的军队则悉归朱元璋所有，朱元璋顺理成章地做了义军的最高统帅。

其实，朱元璋早知陈野先不可靠，对其一直不信任，但他依然派出郭、张率领陈的旧部攻打集庆——用一支内部裂痕重重的部队去攻打城坚墙高的集庆，失败是必然的，但战斗的失败意味着朱元璋个人的成功。这不得不让人怀疑，朱元璋是有意为之，意在为自己清除障碍。

元至正十六年（1356年），朱元璋亲率三军攻打集庆。他先派常遇春在采石故布疑兵，以小股力量分散元的水军集结，而后利用自己的大军各个击破。元军大败，主帅蛮子海牙以余众走集庆，元军舟楫尽为朱元璋所有。三月，朱元璋率军水陆并进，从太平进军至江宁，第一件事就是把陈兆先的大营拔掉，并生擒了陈兆先，陈部36000余人尽为朱元璋所俘。

朱元璋从战俘中选择了500名骁勇善战者收入麾下。这500人却寝食难安，朱元璋的手段是闻名的，他会怎么对待俘虏？朱元璋察觉到他们的想法，晚上命令这500人都到自己的大帐中来，自己身边只留冯国用。晚上睡觉时，朱元璋把铠甲悉数脱下，熟睡至黎明。这500人看了，疑虑尽去，到了攻打集庆之时，杀敌陷阵冲在最前的往往是他们。

终于到了最后的时刻，朱元璋迫不及待地想要踏入集庆的大门。在距离集庆城门五里的地方，他命士兵一边行军，一边敲锣打鼓。城中的元军本就精神紧张，这么一来更是被吓破了胆。不得已，元军守将福寿只得主动出击，不过很快就被打败。

福寿无奈，关闭城门死守。朱元璋命将士用云梯登上城楼，城楼上的防线随即被攻破。福寿又率人与义军巷战，誓死抵抗。兵溃后，福寿在城中楼前，依然坚持指挥左右抵挡。有人劝他投降，福寿严厉斥责并射杀了劝降者。最后，福寿终因寡不敌众战死。在经历多番周折后，朱元璋终于正式入主集庆。入城后，朱厚葬了福寿。

应该说，福寿是当得起朱元璋厚葬的。虽然他们身处不同的利益集团，虽然福寿所处的一方在当时看来确实是失道寡助，但他依然尽到了一个守将应尽的责任与义务。

有很多人审时度势，弃暗投明，这本是无可厚非，"英雄知时势"嘛，但忠于自己的朝廷，"虽九死其犹未悔"也是一种难能可贵的品德。

入城后，朱元璋马上召集城中官吏百姓。"上入城，悉召官吏父老人民，谕之曰：'元失其政，所在纷扰。兵戈并起，生民涂炭。汝等处危城之中，朝夕惴惴，不能自保。吾率众至此，为民除乱耳。汝宜各安职业，毋怀疑惧。贤人君子，有能相从立功业者，吾礼用之。居官者慎毋暴横，以殃吾民，旧政有不便者，吾为汝除之。'"（《明实录》）这话一出，城中百姓没有不欢欣鼓舞的。可以说，从心理上，集庆人接受了朱元璋。后来，朱元璋改集庆为应天。

集庆一战，朱元璋不仅得到了梦寐以求的水军，充实了自己的军事力量，郭子兴嫡系将领的战死也让他拿回了属于他的军队和兵权。从此，他可以放开手脚，大干一场了。

自古以来，真正的成大事者和那些土皇帝最大的区别就是，成大事者知道自己想要什么，从而不被眼前的小利所迷惑。很多农民起义军在攻占一城一池后就满足于享受，也干起了那些剥削人的勾当，最终被敌对力量绞杀，风起云涌也就最终风消云散；而朱元璋之所以能在诸多起义军中异军突起,且取得最终胜利,就是因为他明白,自己向往的舞台是全天下,从来不是一城一郡。因此,直到他问鼎天下的那一天,朱元璋都时时保持警醒,从不停下追逐的脚步。

尽管豪气冲天,此时的朱元璋却不得不认清客观事实:在他的敌人面前,他仍是弱小的,甚至在同道中人面前,他都有些底气不足。但弱小并不是弱势,很多时候,表面的弱小是装出来的,示弱也是一种手段。朱元璋正是明白这一点,所以在占据集庆后他并没有立即挑衅元军,而是决定先去问候一下他的两个邻居。对他来说,这两个人的存在,才是如鲠在喉。

两个男人齐登场

江波上,小小渔船一艘,年轻的陈友谅闻着自己满身的鱼腥味,看着父老辛勤劳作的身影,问自己,这朝不保夕的生活到底何时是个头儿。他想改变自己的命运,却没想到,竟真变出了一番惊天动地的事业。

陈友谅本姓谢,只因祖父入赘陈家,才姓了陈。陈家是打鱼的,生活十分困苦。有一天,一个算命的经过他家祖坟,说了句"这家能出贵人"。陈友谅听了,心里很是高兴,也让他觉得自己定不会庸碌一生。

陈友谅与其他参与起义的人不太一样,他起义前是元朝的一个小官吏。"尝为县小吏,非其好也。"(《明史》)因为这份工作不称心,在徐寿辉的起义军经过沔阳时,陈友谅索性反了,入伙徐寿辉,与自己待过的朝廷成了敌人。

按道理说,陈友谅已算是通过读书改变了命运:他进入了统治集团,虽然只是一个小吏,但毕竟与平民不同——这样说来,他和元统治者应该没有什么深仇大恨。但他仍然义无反顾地反了,并且在所有的起义军将领中,他是唯一坚持从头反到尾的。这样看来,他造反的动机只有一个,那就是改变自己低下的地位,成为受万人敬仰的人上人。

可见，陈友谅不是一个安分守己的人，他有自己的目的，谁阻碍了他的脚步，他就会毫不犹豫地除之而后快——谁都不例外。

说到这，有必要介绍一下陈友谅所在军队的领导者——徐寿辉，以及陈友谅曾经的直接上级——倪文俊。

徐寿辉这个人，史书上说他相貌奇伟，是个美男子，但真本事没多少，能当上领导者全凭一副好相貌。可他的丞相倪文俊就不一样，此人博古通今，文武双全，因此十分瞧不上徐寿辉，本打算杀掉徐寿辉，自己称王。然而倪文俊的计谋没有得逞，他就准备勾结陈友谅。

陈友谅刚参加起义军时在倪文俊手下当差，任一个小小的簿书掾。后来，因为有战功，陈友谅被倪文俊提拔成军中的重要将领。应该说，倪文俊对陈友谅有知遇之恩。只不过，让倪文俊没有想到的是，陈友谅并不是一个知恩图报的人。

陈友谅得知倪文俊的遭遇后，二话不说，立刻杀了倪文俊，向徐寿辉邀功，又吞并了倪文俊的军队，自立为平章。

对待自己一生的恩人，陈友谅没有一丝手软。此人"心狠手辣，不仁不义"，可谓十足的小人。但对一个在乱世中谋求未来的人来说，想要成就一番大事，没有这八个字根本不行。陈友谅是卑鄙的，但也是被逼的。随后，陈友谅一鼓作气，拿下了诸多城池："明年（至正十八年，1358年），陷安庆，又破龙兴、瑞州，分兵取邵武、吉安，而自以兵入抚州。已，又破建昌、赣、汀、信、衢。"

此时的陈友谅，已是江南最强的起义军首领，自然不再甘心俯首徐寿辉。于是，他走上了与倪文俊相同的道路，只不过，陈友谅比倪文俊聪明得多。

徐寿辉身边有被称为"四大金刚"的邹普胜、丁普郎、赵普胜、傅友德。陈友谅深知，要想除掉徐寿辉，必须从他身边的人下手。他的目光渐渐落在了赵普胜身上。

赵普胜这个人，身怀绝技，一对双刀使得出神入化。只不过这个人没什么政治头脑。史载，朱元璋曾派人去到陈友谅军中挑拨离间，说赵普胜有异心。但赵普胜完全没有警觉，还时不时地向陈友谅派来的人夸耀自己的战功。陈友谅城府之深，猜疑之重，无人能出其右。经此一事，陈友谅便找到了除掉赵普胜的借口：有异心。成功除掉赵普胜后，丁普郎和傅友德见势不妙，赶紧投奔朱元璋。徐寿辉身边无人，孤立无援，他的死期也快到了。

当陈友谅攻下龙兴时，徐寿辉要求迁都龙兴，陈不同意，徐寿辉就亲自率兵来到了陈友谅的驻地江州。在江州，陈友谅伏杀了徐寿辉的禁卫军，将徐寿辉软禁。没过多久，陈友谅又攻下太平，徐寿辉再无用处。于是，"壮士"手中的一把铁锤砸向徐寿辉的脑袋，结束了他的生命。

至正二十年（1360年）六月十六日，在采石矶的江边，陈友谅自立为王，改国号为汉，年号大义。

乱世没有规则可言，你方唱罢我登场，只有强悍才是唯一的法律。所以，一切的阴谋诡计，只是为了能在这个狼烟四起的时代里成为最后的赢家。

在争夺最后赢家的宝座中，有一个人也站到了朱元璋的面前。

张士诚出生于一个"以操舟运盐为业"的人家，生活十分清贫。为了养家糊口，张士诚与他的兄弟一起干起了倒卖私盐的营生。史载："缘私作奸利。颇轻财好施，得群辈心。常鬻盐诸富家，富家多陵侮之，或负其直不酬。"卖私盐给有钱人家，不但常常没有钱赚，反而经常受到侮辱，再加上当时的盐警对商人克扣剥削，日子实在是过不下去了。张士诚一咬牙，加入了造反的行列。

他联系了17名盐民，史称"十八条扁担起义"。他们烧了富人家的房子，把钱财分与众百姓，一时之间，张士诚的义举得到了响应，百姓纷纷加入他的队伍，人数达到上万。张士诚凭借自己的威信，拉起了一支有声有色的队伍。

张的起义军势如破竹，一举攻下了淮东重镇泰州。元政府派重兵镇压,"高邮守李齐谕降之,复叛。杀行省参政赵琏,并陷兴化,结砦德胜湖,有众万余。元以万户告身招之。不受。给杀李齐,袭据高邮"。然面对元朝给予的"万户"官爵,张士诚坚决不受。他在高邮建立政权,国号大周,建元天祐。这一年,是至正十三年(1353年)。

相比陈友谅,张士诚对元朝只有恨意,所以他才能在起义初期坚定地拒绝一切收买和拉拢。但光凭一腔恨意是无法闯天下的,对张士诚来说,高邮将是奠定他卓越战功的宝地。

元朝见收买张士诚不成,便派右丞相脱脱率军攻打高邮。史载:"数败士诚,围高邮,隳其外城。"元朝虽然已经腐败不堪,到了悬崖的边上,然百足之虫,死而不僵。对于张士诚来说,这支数倍于自己的军队,极有可能让他的起义道路止步于高邮。然而张士诚不是一个轻言放弃的人,他守在了高邮,也守住了高邮。本来,在元军的轮番猛攻下,外城失守,内城也即将不保,然就在危难关头,一件令人意想不到的事发生了:元朝内部出现分裂。

元顺帝听信谗言,解除了脱脱的兵权,并削去了他的官爵,另派将领指挥战斗。临阵换将,是兵家大忌,元顺帝不知,他这一举,让风雨飘摇的元朝朝着深渊又前进了一步。

说起来,元朝撤掉脱脱的理由很简单:一个小小的高邮,打了这么久都没攻下,证明你脱脱无能,无能的将领当然要换。可稍微有点军事常识的人都应该知道,围攻城池,其实比的就是对战双方的耐力,谁能坚持到最后,谁就能取胜。无论是哪一方面,脱脱都比张士诚有优势,破城指日可待。但权力斗争中,一句不留心的话都可能成为杀人钢刀,更何况脱脱没有战绩。

对张士诚来说,脱脱的离去是千载难逢的机会,他抓住这转瞬即逝的战机,奋起反击。元军抵挡不住,溃散而去,张士诚守住了高邮,也让自己站稳了脚跟。

高邮一役,让张士诚声名大振。凭着这股气势,张士诚不断扩充自己的力量。至正十六年(1356年)二月,张士诚攻陷平江,并攻陷湖州、松江及常州诸路，改平江为隆平府。随后，张士诚励精图治，在他所辖地区，废除苛捐杂税，并颁布政令以利农业发展，同时大力发展教育，整治民风。应该说，张士诚这样的起义军首领，在当时是不多见的，打天下也要治天下，这个道理，不是人人都懂的。

在元末诸多起义军中，张士诚可以说是完全凭借自己的奋斗和厮杀打下了属于自己的一方土地。高邮一战，以少胜多，并不是人人都能做到的。相对陈友谅来说，张士诚的确是个好人，但在乱世中，好人如果想活下去，就必须具备常人没有的品质，比如不畏死亡，比如善得民心。从张在其领地实行的政策来看，不得不说，他还是有一点治国的方略的。但在风起云涌的元末，一切都是未知数。

第三章

这是最后的斗争

放牛娃的春天

元至正二十八年（1368年）正月初四，朱元璋称帝，定应天为国都，年号洪武，国号大明。

其实，王侯之家，钟鸣鼎食，是古今多少人梦寐以求的生活。为了获得这样尊贵的地位，有多少人举起了屠刀，泯灭了良知；又有多少人失去了家园，甚至付出了生命。但"君驭天下"就好像一个永远也破解不了的魔咒，让人们失去了理智和冷静，前赴后继，无怨无悔。

朱元璋亦是如此。为了这至高无上的地位，他一路披荆斩棘，终于从当年的放牛娃，成为如今君临天下的帝王。人生，真的是不可预知。

所有的非世袭君王，也就是一般所说的起义军首领或篡权夺位的叛臣，其即位之事一定不是由本人主动提出的。就算所有人都能看出来他想当皇帝的心情有多迫切，也不能由本人亲自捅破这层窗户纸。不仅如此，此事还要遮着盖着，不许任何人提称王的事，仿佛这一片江山打下来，不是为了统治，而完全是为了好玩，过把瘾就扔在一边。

这种情况，史书上见得多了。能在君主手下当差的人，多少有些本事，于是，这个时候，大臣的作用就要得到淋漓尽致的发挥。想想当年赵匡胤陈桥兵变，黄袍加身，到头来还怪罪手下，说是因为这些人贪图富贵，所以才把自己推上帝位。活脱脱得了便宜还卖乖，可这个时候谁也不敢说一个"不"啊。因此，赵匡胤就在"万般无奈"的情况下，"委屈"地当了皇上。

就算轮到朱元璋头上，事情也不例外。朱元璋一再表示自己没有统治天下的欲望，不要再提即位的事了。而朱元璋手下以李善长为首的一班臣子，当然不能同意主上如此没有雄心壮志，因此他们不停上书劝谏，恳求朱元璋以大局为重，一定要登上皇位。朱元璋自然要推脱一番；臣子们不干，就再上书；还不答应，那就再上折子，直到朱元璋答应为止。为什么前两次都不答应，非得等到第三次才同意呢？其实，朱元璋早就想当皇帝了，但又不好自己提出来。终于臣子提了，可要是第一次上书就欣然答应，又显得朱元璋太过急躁。所谓"事不过三"，都请第三次了，再不答应就有点说不过去了。

不要以为这些都是小说家的杜撰，朱元璋和臣子的这点互动，都在史书上记着。"癸丑，中书省左相国李善长率文武群臣劝进，太祖辞。固请，不许。明日复请，许之。"（《明史纪事本末》）今日不同意，明日就答应了，思想斗争未免也持续得太短暂了——无非是司马昭之心，路人皆知，大家给朱元璋个台阶下罢了。

朱元璋即位后的第一件事，就是把他们家祖宗四代都封了个遍。"追尊高祖考曰玄皇帝，庙号德祖，曾祖考曰恒皇帝，庙号懿祖；祖考曰裕皇帝，庙号熙祖，皇考曰淳皇帝，庙号仁祖，妣皆皇后。"（《明史》）一个人当了皇帝还不行，祖上也得是皇帝才行，这样，这个皇帝才算有迹可循，才算名正言顺。

当朱元璋在南郊祭祀祖先时，青烟袅袅中的他，不知会作何感想。乱世出英雄，朱元璋生在这样一个乱世，是他的不幸，也是他的大幸。有的人，在被人压迫时会选择忍耐，把身体低入尘埃中，只求苟活于世；而有的人，会在无路可退时索性对峙，反戈一击，争取做人的权利。至于朱元璋，当他的双亲无处安葬时，当他流落街头却讨不到一点食物时，他只乞求平静安稳的生活。只不过，当他开始了自己的权力斗争时，历史，也引着他越走越远，直到他走向人生的巅峰。

朱元璋比起张士诚之流的最大优势就在于，得到天下后，依然能够保持一颗奋斗的心，并将勤勉发挥到了极致。他在即位之初，并没有急着享受帝王的生活；不仅如此，他还让百官不要叨扰百姓，给百姓以休养生息的时间。当时，下属州县的官吏前来朝拜，朱元璋对他们说："天下初定，百姓财力俱困，譬犹初飞之鸟，不可拔其羽，新植之木，不可摇其根，要在赡养生息之而已。惟廉者能约己而利人，贪者必朘人而厚己。有才敏者或尼于私，善柔者或昧于欲，此皆不廉致之也。尔等当深戒之！"

很多开国的贤明君主都懂得这个道理：在经历了连年的战火后，百姓最需要的就是平静的生活，他们不在乎谁主天下，只希望这个君主能比上一个仁慈一点、宽松一点，给他们一条活路。只要没有官吏的欺压，即使生活再清贫，他们也能安静地活下去。所以，无论是唐太宗，还是朱元璋，他们都实行了休养生息政策。因为只有这样，国家才能在易主的动荡中尽快恢复过来，并顺利地走上正轨。

即位之后还有一件大事就是论功行赏，这也是所有跟随朱元璋走过战火的人最期盼的时刻。这其实并不功利，用生命换回的奖赏，是最应该得到尊重的。

朱元璋没有辜负他的追随者。《明史》记载，朱元璋"以李善长、徐达为左、右丞相，诸功臣进爵有差"。并且，在立朱标为太子后，将很多近臣加封东宫官爵，以求他们能像辅佐自己一样，辅佐自己的儿子。

一开始，朱元璋还想封官给一些外戚，即马皇后的亲属；只不过，遭到了马皇后的婉拒："国家官爵，当用贤能。妾家亲属，未必有可用之才。且闻前世外戚家，多骄淫不守法度，每致覆败。陛下加恩妾族，厚其赐予，使得保守足矣。若非才而官之，恃宠致败，非妾所愿也。"（《明史纪事本末》）外戚专权，自古就是所有为帝王者应当极力避免的事情，但很多开国之君，因为在征战过程中受到了来自妻家的帮助才会封官外戚；然而这也给日后的外戚专权留下了隐患。历史上此类事件虽屡屡发生，却依然成为很多君主躲避不及的雷区。

好在朱元璋有一个贤明的皇后。她说，朱元璋赐给自己的亲人足够安享富贵的财富即可，如果有人恃宠而骄，必会成为国家的隐患，这是她不愿意看到的。马皇后，当初她在硝烟中看中了朱元璋，后来她陪伴他走过了从无名小卒到君临天下的征程。而现在，在她本应享受荣华的时刻，她却依然保持着清醒。

这样看来，她对自己的亲人有些无情；但谁能明白，这其实是最大的恩情。政治斗争历来是最残酷血腥的，处于斗争旋涡的马皇后自然明白其中的利害。让自己的亲人远离宫斗，实在是她能为家族争得的最大的赏赐；同时，她又为自己的丈夫免去了外戚专权的隐忧。这个女人，不简单。

开国后的朱元璋，一面"无为而治"，一面广招贤能；一边制定各种律法，一边设办学校，忙得不亦乐乎。作为一个过过苦日子的人，朱元璋明白百姓要的是什么，他也知道，如果自己不能使天下太平，不能使人民安居乐业，那么，就会有无数个李元璋、王元璋站起来反他。他不容许自己打来的天下却守不住。所以他一直在努力，也一直很勤政。朱元璋的勤奋，在中国历史上的皇帝当中实属少见，甚至勤奋得有点过头。无论大小事务，他必定亲自过问，每天审阅奏折不计其数，睡眠时间少得可怜，真正是日理万机。而令人不敢相信的是，他居然把这种作风一直保持到驾崩之前。这样的勤政，算得上帝王的表率了。

只可惜，他的勤政并没有作为基因遗传给他的子孙。除了朱棣，明朝就几乎看不到像朱元璋一样勤政的皇帝了。当然，这是后话。

此时的朱元璋，坐在龙椅上，手中的御笔批点着面前的奏折。这个国家需要他的支配才能运行，这是皇帝的权力，更是皇帝的责任。朱元璋曾经吃过那么多的苦，而现在，一个国家的重担压在他肩上。这种辛苦，是世间所有的辛苦都比不上的；但这种辛苦，在世人眼中是梦寐以求的荣耀。人，实在是矛盾的结合体。

虽然朱元璋已经建立了自己的国家，但在元大都，那个曾经的政权还没有完全土崩瓦解。在它彻底消失之前，朱元璋还有很长的路要走。

占领元都，回家吃饭

当朱元璋在南边的应天即位登基，开始建造他的大明朝时，身处元大都的元朝皇帝妥懽帖睦尔还在他的皇宫里享受着富贵的生活。他不知，危机已经近在咫尺。

朱元璋虽然已经完成了自己做皇帝的心愿，然而这个皇帝能不能做长久，还是个未知数。当初的陈友谅、张士诚也都做过皇帝，可还不是瞬间就一无所有、灰飞烟灭了？这是个"我不犯人，人也犯我"的时代，更何况，当初轰轰烈烈的农民起义，现在只剩下朱元璋这一棵独苗了。如果说曾经的元统治者还不把朱元璋放在眼里，那现在，广袤的大地上已经再无他人，元朝皇帝想不看朱元璋都不行。

朱元璋既然已经到了这一步，要么风光一阵就被元兵毁了自己的老窝，要么就把蒙古人赶尽杀绝，不留后患。总之，不拼个你死我活，谁都没有安生日子过。很明显，如果不能为天下的主，而是甘愿偏安一隅，早晚有一天，朱元璋会像曾经的无数个农民起义军首领一样，死无葬身之地。于是，朱元璋将元大都定为下一个目标。

在着手攻打元大都之前，朱元璋曾和徐达等人商讨过进军计划。徐达的想法是："臣自平齐、鲁，下河、洛，王保保逡巡太原，观望

不进。今潼关又为我有，张良弼、李思齐失势西窜，元之声援已绝。臣等乘势搏其孤城，必克无疑。"（《明史纪事本末》）

应该说，自从拿下山东后，局势对朱元璋极其有利。然而朱元璋并没有因此而失去判断力。对于徐达的看法，朱元璋提出了自己的主张："卿言固是。然北土平旷，利骑战，不可无备。宜选裨将提兵为先锋，将军督水陆之师继其后，下山东之粟以给馈饷，由秦趋赵，转临清而北，直捣元都。彼外援不及，内自惊溃，可不战而下。"（《明史纪事本末》）徐达的说法固然可行，但朱元璋看到了自身的不足，那就是南方的士兵，是永远也不可能在广袤的北方平原上和马背上长大的民族以骑战抗衡的。因此，必须制订周密的进军计划，以山东为粮草支援，取道临清，而后直捣元都，打他个措手不及。

徐达依照朱元璋的指示，分别派军队荡平通往元都的道路，果然顺利地平定了潼关以东的广大地区。而后，朱元璋命手下诸将从各个战区撤回，集中兵力攻打元都。

临行前，朱元璋给进军部队一道旨意，大概意思是说，你们跟随我吃尽了苦头，这不是我希望看到的，但这都是为了黎民苍生。现在百姓生活于水深火热之中，我们必须马上去救他们。元朝自从入主中原，无视黎民疾苦，倒行逆施，所以他们遭到了上天的唾弃。如今，我们即将拿下元都，但百姓是无辜的，因此，所有入城的将士，不得烧杀掳掠、侵扰百姓，如有违者，定罚不赦。

虽然这一道旨意有给自己制造舆论、鼓舞士气的成分，但在即将到手的胜利面前，朱元璋依然牵挂黎民百姓，依然记得真正的胜利从来不是夺取空城，而是人心。单凭这一点，他就足以取代元朝的皇帝。

史料上有一条很有趣的记载，说当徐达与诸将之师会于东昌时，"元大都红雾及黑风起"。很难想象，这是怎样的天气状况。黑风可以理解为暗无天日的狂风，然而何为"红雾"？恐怕，这真的是天要亡元了。

而后的过程实在是乏善可陈，徐达大军所到之处，不是守将弃城而逃,就是率军来降。这仗,打得一点儿悬念都没有,顺利得有些枯燥。

当徐达大军到达通州时,所有人都想马上攻打通州。这时,指挥使郭英发表了不同的意见。他认为,大军远道而来,已很是疲惫,而敌军则是固守城池,以逸待劳;如果贸然进攻,很有可能一举不下,到时士气受挫,会对以后的进攻产生不利影响。因此,他建议大军驻扎下来,调整状态,并等候最佳的进攻时机。

有时候,历史总是爱和人开玩笑,元朝已经到了悬崖边上,命运就再推了它一把。上天给了郭英一次机会,也就是他所说的最佳时机——天降大雾。郭英派人在道旁埋伏,然后自己率领三千精锐直抵城下。守将奋力抵抗,郭英佯装败走,引敌人进入了伏击圈。结果,元军大败,守将卜颜帖木儿被擒。

当明军进入通州这个消息传入元都时,吓坏了元主妥懽帖睦尔。但他的反应实在是让人啼笑皆非。当他得知明军即将到来,第一个念头竟然不是如何组织军队进行抵抗,而是把所有的后妃皇子集合起来,商量如何逃跑。到了早上,见到朝臣,他又向臣子们感叹,说今天难道要做宋徽宗、宋钦宗吗?妥懽帖睦尔已经打定主意要北逃。

臣子们一看皇帝要跑,自然是极力劝阻。怎奈皇帝不听,留下几个人看守京城,就带着老婆孩子连夜从健德门跑了,一路跑到了元上都。

其实说起来,如果元帝能够充分发挥自己骑兵的优势,也许还能抵挡明军一阵,给自己争取时间再做打算。如果元帝当初能够发现隐藏于草莽之中的朱元璋,或许就能把这一隐患扼杀在摇篮里。可惜,历史不能倒退。

元帝放弃了首都,也就意味着放弃了国家的统治权。假如他能够和京城共生死,或许史书上会对他有所褒扬。不过,在他看来,当时能够活下去要比留名青史来得实在。

洪武元年(1368年)八月二日,这是一个应该被历史记住的日子。这一天,当徐达的大军从齐化门进入元都城时,这片中原政权失去统治长达400年的广袤土地终于收归所有，从此，中原再也不是赤裸裸地面对来自草原沙漠的铁蹄了，这片土地，将成为最坚固的屏障，保护着所有的新兴政权。

朱元璋占领元都后的第一件事，就是收拾了一批元朝的官吏。"执其监门宗室淮王帖木儿不花及太尉中书左丞相庆童、平章迭必失朴、赛不、右丞相张康伯、御史中丞满川等，戮之。"（《明史纪事本末》）虽说朱元璋已经下令不能大开杀戒，但被元朝欺负了这么久，总该找些人来出出气。至于这些人到底犯了什么罪，总会有人出来解释的。

而后，徐达下令，命人广告于民，要求所有的原元朝官吏一律到官府去通报，把户籍改为民籍。按理说，元朝大势已去，识时务者就应该马上采取行动。本来元朝就是一个少数民族政权，汉人虽被统治，但心中终究不服，因此，也就没有什么背信弃义之说。不过，还是有人忠于这个濒临灭亡的政权，甚至不惜以死相报。

"元翰林待制黄殷仕欲投井，为其仆所守，乃绐仆曰：'吾甚愧，何从得酒？醉而出见可也。'其仆喜，入市取酒，殷仕遂投井死。左丞丁敬可、总管郭允中皆死之。"（《明史纪事本末》）史书上并没有说这几个人到底受过元朝何等恩惠，以至要为其殉节。不过，无论哪朝哪代，总是有一些人会为了自己所尽职的朝廷死节。说他们愚忠也好，说他们迟钝也罢，但他们的心中，总是有一股力量——尽管这种力量在今天看来是逆历史潮流而动的——以当时的情况看，他们确实认为自己是为了国家而死。所以，这样的殉国无可厚非，依然值得人尊敬。

朱元璋终于拿下了他梦寐以求的元都。从此，他不再是草莽流寇，不再是乱臣贼子。从此，他可以名正言顺地统治这片土地、统治他的天下。

明朝是中国古代史上最后一个汉族政权，它的存在，结束了广大中原地区的人民被欺压、被侮辱的时代。虽然元朝的建立者是一个勇敢的民族，虽然在这个民族手里，中国的国土达到了前所未有的广袤。

但是，这是一个只知打天下而不知治天下的民族，在夺权后，元朝廷采取的并不是民族融合政策，而是把人分成了三六九等，把远比自己文化先进的汉人置于最底层，并始终采取不平等而暴力的手段统治他们。这样的政权，从一开始就不会有人心甘情愿地臣服。元是一个没有根基的朝代，它的灭亡并不出乎意料。

后来的少数民族政权吸取了元的教训，以至一个少见的、由游牧民族统治天下且基础稳固的政权——清朝，最终得以建立。

朱元璋占领元都，从名义上，元朝就已经不复存在了。

第四章

江山是怎样炼成的

敢犯错，扒你皮

明太祖朱元璋大概是所有帝王里最为痛恨贪污的一个，这不难理解，若不是官吏贪污、腐败畅行，朱元璋也不会因为走投无路、家破人亡而走上造反道路。所以，朱元璋的仇富心理可以理解，可是他的做法极为偏激。

财富，在朱元璋眼里是有着原罪的。

自明朝开国以来，朱元璋就不断诛杀贪官，据统计，因贪污受贿被杀死的官员高达几万人。到洪武十九年（1386年），从中央到地方的官员，已经很少人能做到任满，大部分都被杀掉了。

在朱元璋手底下干活，官员们每日如同生活在地狱一般，忍受煎熬，每次上朝之前，总要和妻儿诀别，因为不知道下朝后还能不能囫囵个儿地回到家里。如果每天能平安无事下朝，那回到家中必定要庆贺一番的。这不是危言耸听，朱元璋绝对算得上中国历史上最为苛刻的皇帝了，他不但让他的官员做最繁重的工作，还不肯给高工资，而一旦发现哪个官员有一丁点儿贪污的痕迹，那铁定杀无赦了。

贪污的确是应当制止的，但在朱元璋当政时期，许多官员贪污实属无奈之举。本想着寒窗苦读十余载，奋斗一生，混个小官也算是国家的公务员，是个捧着铁饭碗、一辈子饿不着的差事了。

却没想到，朱元璋开的工资已经不能用低来形容了，他发放给正一品官月俸米八十七石，正四品二十四石，正七品七石五斗。也就是说，一个县令的工资合成银子不过就是五两，换算成人民币也就1000元。这点钱不但要负担县令一家人的生活费，还要支付手底下的工资，如果不贪污，根本就活不下去。

活人不能让尿憋死，虽然朱元璋对贪官是严惩不贷，抱着"宁可枉杀一千，也不放过一个"的心态，但官员们捞钱的新花样还是纷纷出炉，主要是"折色火耗"和"淋尖踢斛"。

折色火耗是官员们借口征集的税款银两有损耗，而将多余的钱放到自己口袋里的一种做法。

至于淋尖踢斛则是老百姓在交纳粮食的时候，官吏用斛来装，当粮食堆放满的时候，官吏将斛猛踹一脚，令一些粮食流失到袋子外面，这流失出来的粮食就归官吏所有了。

这完全属于技术上的失误，自然不能算贪污，朱元璋对此也无话可说，将这部分钱财作为官员的合法收入。

但随着朱元璋不肯涨薪水而官员们不断从这些小地方着手获取利益而产生的矛盾日益激化时，事情便出现了质的变化。官员为了生计和自己的利益，必然要违反朱元璋制订的反贪计划，而朱元璋为了阻止这样的事情发生，也会采取更为严厉的打压办法，这样一来，矛盾非但得不到解决，反而愈演愈烈。

朱元璋对待贪官的方式越来越严厉，他定了一个新规定，只要发现官员贪污，就要送到京城的有关部门法办，而就算是老百姓也有这样的权力，并且一路上的检查岗必须放行，如果有人胆敢阻拦，那不但要砍头，还要株连九族。

由此可以看出朱元璋反腐倡廉的决心有多么大，可惜事与愿违，在如此大力度的反贪中，贪污不但没有绝迹，反而有愈演愈烈的趋势。还有，因为朱元璋杀掉的官员太多，导致政府部门近于瘫痪状态，这样不得不让在任的官员身兼数职，就连朱元璋本人也是牺牲了很多休息时间，埋头苦干，可即便如此，政事还是忙不完。

于是，朱元璋又发明了一个新制度，便是戴死罪、徒流罪办事，就是官员犯罪后判了死刑，先拉下去痛打一顿，然后就在官员以为自己要小命不保的时候，突然来人给他的伤口上药，保证他死不了，再拉出去送到衙门处理公务。

朱元璋绞尽脑汁就是想肃清贪污腐败，还大明朝一个清清白白的天下，可效果不佳、成效不好。应该说是朱元璋的某些政策在制定的时候出现了问题，官员贪污固然不好，但工资太低、朱元璋的反贪手法过激也是重要原因之一。

大明洪武年间的这场轰轰烈烈的反贪运动中，无论是主攻手朱元璋，还是防御手贪官们，都没有赢得最终的胜利。

明朝的锦衣卫

杖刑和廷杖是明朝非常有名的两种处罚方式，名称看似一样，但两者之间有根本区别。杖刑是一种刑罚，执行者为锦衣卫，对象为对皇帝有不满或者威胁的人。其中，杖刑分轻、重、缓、急，程度不一。对于犯一般错的犯人，执行官会下令"打着问"，暗示手下轻点打，给点教训就足够；对于犯较重罪的人，执行官则会说"着实打着问"，暗示着重惩但不至死；而对于犯了死罪的人（或者上面下令要命的人）则说"好生着实打着问"，这既是下了死令，要将犯人杖至死。廷杖是杖责在朝廷上言行惹得皇帝不满或行为有失的官员，以显示皇权的至高无上与不可侵犯。

廷杖的执行者为大汉将军。"明之自创，不衷于古制"（《明史·刑法志》），这表示廷杖为明朝自创的一种酷刑。一旦有哪位官员惹怒皇帝，被皇帝处以廷杖，此官员就会被当庭扒掉官服，反绑住双手，押到午门。午门就是行刑地点，司礼监掌印太监和锦衣卫指挥使便待在午门等待受刑者。受刑人被套在一个大布袋里，一声喝令下，棍棒就会无情地落在他的屁股和大腿上。

廷杖也是有讲究的。如果受刑人的两脚呈八字形张开，代表此人要活；如果此人脚尖向内，则表示死罪难逃，并且在廷杖后，还会被人狠狠拎起，再重重摔下，这样一来，即使逃脱廷杖也还是难逃一死。廷杖和杖刑虽然大有不同，但两者还是有很大的联系。因为他们的执行者都一样，就是后世常说的"明之亡于厂卫"的厂卫，即锦衣卫。

锦衣卫虽为朱元璋所设，但这种特务性质的机构并不是他创立的。汉武帝设置的司隶校尉就是特务机构的雏形，魏晋时期曹操设置的"校事"、"典校"等相关机构确立了特务机构的合法性，南北朝的"侯官"及武则天时期的"酷吏政治"等都是锦衣卫的前身。由此可见，锦衣卫这种性质的机构已经在中国延续发展近1000多年，经历了各个朝代的补充完善，最终于明朝被正式确立为官职，拥有自己的独立办事机构和军事力量。

锦衣卫的总长官被称为指挥使，一般由皇帝亲信担任，其职能是"掌直驾侍卫、巡查缉捕"，这就将锦衣卫分成两部分。一部分是与传统意义的禁卫军作用相同的大汉将军，他们主要负责皇帝的出行及安全、传递皇令及掌廷杖等事情，其中负责廷杖这一部分只有明朝的锦衣卫有，其他则没有大的变化。另一部分为负责检查、逮捕、审讯、判案的南北镇抚司及负责文书的经历司。

大汉将军并不特别，他们唯一骇人的事情便是执行廷杖。因为廷杖既折磨骄傲文官们的精神又能伤害身体，看着他们在自己手下哭天喊地的样子比较有成就感，所以，大汉将军对廷杖情有独钟。因为他们主要负责皇廷保卫工作，要营造出一种庄严肃穆的味道，所以在选拔人员时往往比较倾向高大威猛、气势雄浑的人。但是，明太祖朱元璋不会特别放权于他们，往来不缺有禁卫军首领起义谋反者，北宋太祖赵匡胤乃其中一代表。因此，大汉将军于明朝就是一个摆设。

明初时，朱元璋设御用拱卫司，是为了监督朝中大臣的违法行为，任命自己的亲信大臣为首。这是锦衣卫的前身。洪武十五年（1382年），太祖设立锦衣卫。为了巩固朱明天下，加强专制统治，朱元璋赋予锦衣卫特权，让其掌刑狱大权，并可巡查缉捕。而传统的司法部门则被锦衣卫压制，如大理寺等。北镇府司相当于情报局，监控各个官员及王姓成员，并可进行追捕审讯等行动。

南镇抚司类似军事法庭，主要检查军队人员的罪行并进行军事情报和战斗工具的研发。它主要负责的是卫、所部队。明朝军制的基本单位是"卫"与"所"，每5000人的正规军为一卫，卫下又设千户所和百户所。大汉将军原就是卫的编制，而经历司则是专门负责锦衣卫行动的文书工作。

朱元璋设锦衣卫是为了加强自己的统治、排除异己，所以洪武年间的几个大案的制造与锦衣卫密不可分，不计其数的无辜者葬送在锦衣卫手里，受尽各种酷刑。明朝"闻锦衣卫色变"不是耸人听闻，而是一种事实。如果说武则天时期的酷吏制度让人刻骨铭心，那明朝的锦衣卫机构则会让人恨不能回笼再造。因为酷吏制度只持续了一个阶段，武则天稳定自己统治根基后就废除了，而锦衣卫制度贯穿了整整一个朝代。它就是朱元璋手中的会咬人的狗，指哪咬哪。

有些案件没有证据，但朱元璋让这人死，锦衣卫便会屈打成招，因此对于要肃清道路的朱元璋来说，锦衣卫很有用处。锦衣卫分布于全国上下，稍有官品的人身边都会有锦衣卫的监察，而且他有可能就是你平常最亲近的人，疏忽大意的话便会引来杀身之祸。全国被笼罩在恐怖的气氛下，人心惶惶。

在诛杀尽功臣后，朱元璋终于认识到锦衣卫的弊端，于洪武二十六年（1393年）下诏"诏狱内外无得上锦衣卫，大小咸经法司"，削减锦衣卫的权力，但为时已晚。锦衣卫成立时间虽短，但其影响深远。明成祖朱棣登上大位后，又重新恢复了锦衣卫的特殊地位，并一步步加强。此后，锦衣卫一直延续，直至明亡。

第五章

帝二代的"杜拉拉升职记"

史上最健康的精神病

金乌西沉，大路上，两个人行色匆匆，急急忙忙赶往燕王府。他们就是建文帝朱允炆安排在朱棣身边、监视他行动的北平左布政使张昺和都指挥使谢贵。他们得到了一个消息，燕王病了。

燕王一向身体不错，可是从京城觐见回来后就一直说身体不好，明眼人谁都看得出来，他这是为了不去京城参加先帝朱元璋的忌日找借口。皇帝放他一次，未必会有第二次。虽然他不能去，但也必须有人代替他前去祭拜，因此，朱棣的三个儿子就被派去应天参加典礼。本来朱棣后悔死了，想着这三个儿子一定是羊入虎口，再也回不来了。可没想到皇帝真的又向朱棣解释了什么叫没脑子，居然把三个儿子给送回来了。没有人质在皇帝手里，也不用再去京城，朱棣的身体按说应该好起来啊，怎么又病了？

朱棣装病确实是为了逃脱被扣留的命运，但这只是原因之一，更重要的是，朱棣需要时间，他要用装病来拖延时间。十几万人的军队还要再多加调教，将士们的衣食粮草也要去四方筹措，包括作战计划的制订、行军路线的安排、情报的搜集，这些，都需要时间，大把的时间。他朱棣不是神仙，不能一鼓作气就把几十万人和所有事情一瞬间安置妥当。这些事情，都要一步一步来，慢慢来。

毕竟这是造反，不是狩猎，更不是肃清边疆。后面两件事都可以由朝廷支持，钱多得是，花起来也不心疼。可造反不一样，这是一条不归路，从走上的那天开始，就注定了不能回头的命运。不成功，便成仁。如果不能仔细筹划，就会一步错步步错，朱棣绝不能允许这样的事情发生。

时间从哪儿来，只能靠装病来欺上瞒下，装病朱棣还觉得不够真，索性装起疯来。一时之间，整个北平的人都知道了，堂堂大明王爷朱棣，疯了。

这个消息可不是朱棣府中人放出来的，传点儿假消息，未必能瞒过所有人的眼睛，这场戏，一定要朱棣亲自上场。最开始，疯子朱棣在大街上大呼小叫，专找人多的地方闹，扯扯这个的衣服，拉拉那个的头发，人们一看是王爷，也不敢跟他较真，接着，朱棣变本加厉，到了饭口就直接闯进人家家里，抓过桌上的饭菜就吃，根本不跟你客气。被闯人家也无可奈何，人家是王爷，平时见都难见到一面，能到你家吃饭是看得起你，虽然这个时候的王爷不太正常。

吃饱喝足了之后，朱棣还不消停，走到集市上，随便找个地方一窝，一睡就是一整天。这样的行为，知道的，是王爷疯了；不知道的，还以为是哪来的要饭的。确实，朱棣疯病的所有表现，都和乞丐没什么区别。有些人看到朱棣这个样子，只能背地里叹息，你看看，生在皇室又怎么样，说疯就疯了，泼天的富贵又有什么用？

就这样闹了没几天，朱棣疯了的消息就传到了张昺、谢贵的耳朵里。这两个人开始还不信，为了一探虚实，这两个人决定亲自登门探病，人到底疯没疯，一试便知。

就在这两个人一边走，一边商量怎么试探朱棣的时候，一进门，眼前的一幕就让他们惊呆了。

那时正值六月，盛夏时节，待着不动都能出汗，天热的让人觉得扒了皮都不够凉快，可朱棣居然裹着个棉被，拥着个火炉，在二人面前烤火！

就在两个大臣还没缓过劲儿来，朱棣又加了把劲儿，哆哆嗦嗦地说了一句惊天地泣鬼神的豪言壮语："寒甚！"（《明史纪事本末》）

疯了，绝对疯了，这么个天气，能不心浮气躁地扇扇子就不错了，他居然披着棉被、烤着火，还说冻死我了！张昺和谢贵当时就决定，不用试探了，如果这样还不叫疯，那就是他们俩疯了。

张昺和谢贵问了几句病就马上离开了，再不走，屋里那个大火炉就能把他们俩烤疯了。也正因为如此，他们也没来得及看清朱棣难挨的表情和脑门上颗颗的汗珠。

回去之后，两个人立刻上书朝廷，表明朱棣的现状，特别声明朱棣确实是疯了。皇帝看了，稍微放下心来。看来这个叔叔，也不过是外强中干。

皇帝那儿刚放心没几天，张昺和谢贵就被葛诚当头棒喝，这个间谍反水之后倒是对皇上忠心耿耿，由此可见建文帝的怀柔政策效果卓著。葛诚告诉这两位大臣，说"燕王本无恙，公等勿懈"（《明史纪事本末》）。燕王根本就没疯，你们可千万别掉以轻心啊。

收到这个消息后，齐泰立刻作出反应。他做了详细的部署："即发符遣使，往逮燕府官属，密令谢贵、张昺图燕，使约长史葛诚、指挥卢振为内应。以北平都指挥张信为燕王所信任，密敕之，使执燕王。"（《明史纪事本末》）。这个计划其实很详密，首先，派人持逮捕令，前往燕府逮捕所有的官属。同时，命令谢贵、张昺继续监视燕王，让葛诚、卢振作为内应，一旦有所行动，可以里应外合。最后，把逮捕燕王的任务，交给了张信。

这个决定，直接导致了整个行动的失败。因为张信是燕王的旧部下，把这么重要的任务交给了一个并不可靠的人，齐泰这步棋走得太臭。

张信接到任命后，十分地为难，毕竟自己是燕王的部下，按道理应该站在王爷这边。可是，如果真的把事情告诉朱棣，也就意味着自己抛弃了朝廷,走上了反贼的道路,这个选择不好做。好在,有一个人替他做了决定,这就是张信的母亲。老人家听说儿子要去逮捕燕王,居然大惊失色,教训他说:"不可。吾故闻燕王当有天下。王者不死,非汝所能擒也。"(《明史纪事本末》)燕王哪是你能捉拿的,那是会得到江山的人,是真龙天子,你可不能糊涂啊。

这个老太太的言论很值得推敲,她怎么会知道朱棣能不能坐上江山?很简单,朱棣想要起兵,就必须做好舆论工作,要让百姓支持他,就只能说自己身负天命,是潜龙在渊,有朝一日一定会一飞冲天。老太太们,尤其是没什么文化的老太太,对这些最信了,也多亏她信,救了燕王一命。

张信很听话,被母亲教训后,立刻决定帮助燕王。他马上赶往燕王府,没想到燕王根本就不见他,不得已,只得"乘妇人车,径至门求见"(《明史纪事本末》),这才得到被接见。

进门后,张信跪在床前,许久都没听到王爷的问话,一抬头,看王爷还在那儿装疯。张信没办法,只好说:"殿下无尔也。有事,当以告臣。"(《明史纪事本末》)王爷您别装了,我有急事要禀报。

朱棣听了不为所动,依然坚持,"疾,非妄也"(《明史纪事本末》)。我真没装,我是病了。听到这话,张信都快笑了,他又说:"殿下不以情语臣,上擒王矣,当就执;如有意,勿讳臣。"(《明史纪事本末》)您再不说实话,我也没办法,我身上就带着逮捕您的命令,如果您真想起兵,就别再瞒着我了。

事实证明,张信的话就是灵丹妙药,专治朱棣的疯病。听了张信的话,朱棣马上从床上起身,下地跪拜,说:"生我一家者子也!"(《明史纪事本末》)然后,朱棣叫来姚广孝,一同商量造反的相关事宜。当时正好天降暴雨,房子上的瓦片掉了下来。朱棣看了,心里不高兴,没想到姚广孝挺开心。朱棣骂道:"和尚妄,乌得祥!"(《明史纪事本末》)你也太狂妄了,这有什么值得高兴的。

姚广孝笑笑,说:"殿下不闻乎?'飞龙在天,从以风雨'。瓦坠,天易黄屋耳!"您没听过吗,龙行从云,这是大吉之兆啊。

朱棣听了,病好得更彻底了,从此恢复了健康,再一次生龙活虎。

为了起事,装疯卖傻,忍人所不能忍,朱棣的忍耐力不是常人所能想象的。

本来对朱允炆有利的局势,这时彻底变了,开始朝着有利于朱棣的方向发展。

朱允炆,把你的宝座让给我

等了许久,先锋张信迟迟没有行动,甚至连人影也没了,如同泥牛入海。为了安全起见,齐泰又派曾经打探过燕王朱棣的张昺和谢贵前往北平。这次出使,张昺和谢贵的身份大是不同,因为他们带上了皇帝朱允炆的诏书。他们有权率兵包围燕王府,甚至逮捕燕王朱棣的下属官员。

弄了这么大的排场,可见朱允炆削藩的决心很大。但是,朱允炆心地仁厚,再三告诫张、谢二人,不可为难朱棣。想削弱能征善战的朱棣,如果不用强力,不会有好结果。朱允炆姑息养奸,无论从他的性格,还是行动上分析,消藩都是矛盾的,因而不会有好结果。

与朱允炆不同,朱棣却是一个敢想敢干的人。张信告密后,朱棣当机立断,召集大军,命大将张玉和朱能为帅,严密保护燕王府。燕王府的保卫工作还没布置妥当,张昺和谢贵就捧着圣旨,优哉游哉地来了。府上的兵力太少,无法与中央大军抗衡,朱棣就摆空城计。经过细心安排,朱棣彬彬有礼,恭请张昺和谢贵进入燕王府。燕王府比地狱还可怕,张昺和谢贵死活都不去,坚持要求朱棣走出来,跪接圣旨。

在紧要关头,朱棣又使一计,他告诉张、谢二人,已经逮捕妄图造反的人,需要中央使者进府,验明造反者的身份。对方老奸巨猾,张昺和谢贵应付不过来,只得进入燕王府。他们是这么想的,圣旨没要求抓捕燕王。即使朱棣图谋不轨,也不会这么快就发难。

尽管燕王府很恐怖,作为朝廷的使者,张昺和谢贵认为,他们的命还是勉强可以保住的。

在大堂中央,朱棣坐着,一副上气不接下气的样子,好像疯病还没好。

想到外面传说,朱棣是装疯的,张昺和谢贵不禁对望一眼,心扑通、扑通地跳,刚想转身跑出去,大堂上突然冒出一帮凶神恶煞的武夫,将他俩团团围住。

见张昺和谢贵连胆都给吓破了,朱棣有气无力地咳了一声,众武夫纷纷散开。朱棣说了几句话,都问中央对他装疯的看法。张昺和谢贵被吓傻了,说话结结巴巴,就像有口吃。

一小会儿后,侍仆端来瓜片。张昺和谢贵正想找个话题岔开这个关于装疯的痛苦的谈话,就伸手接瓜。

突然,朱棣直挺挺地跳起来,大嚷大闹。朱棣的意思是,虽然身为皇亲国戚,他每天都为生命担忧,简直生不如死。既然没有比生不如死更坏的了,他就什么都敢干。

接下来的事就很简单了,张昺和谢贵被捆绑起来。他们是生是死,全在朱棣的一念之间。

按理说,张昺和谢贵是带着军士来的。他们被捆绑,带来的军士应该站出来干预。但是,这两个人不仅轻信,还很迂腐。进门时,燕王府上的人告诉他们,其他军士级别不够,不能进入王府,张昺和谢贵竟然死守迂腐的规矩。

既然中央颁发了逮捕的诏书,已经被逼上梁山了,朱棣就要大干一场。在大堂正中央,当着府上诸人的面,张昺、谢贵和葛诚等几位中央使者,统统被朱棣斩首示众。

朝廷的使者被杀了,不管朱棣当初的意愿如何,结果只有一个:他走上了造反的路。造反是一条不能回头的路,只可往前,不成功,就成寇。

张昺和谢贵等领头羊被杀害后,中央派来的其他军士顿时成了乌合之众,纷纷沦为朱棣的刀下鬼。之后,燕王府上就像喷发了火山一样,将整个北平城都给震惊了。因为，从燕王府上，冲出一支彪悍无比的军队，以闪电般的速度，眨眼间就占领了北平的九道城门。

占领北平的九道城门，就意味着掌握北平城的控制权。尽管朱允炆之前花费了无数心思，苦苦安插忠臣良将守卫，北平城最终还是落入朱棣的掌握中。因为朱棣不仅老谋深算，还有几位厉害的大将。在占领北平城的战斗中，朱棣的大将张玉就立下了很大的功劳。

相比而言，朱允炆安插的将领，死的死，伤的伤，逃的逃，真的不堪一击。

那时，朱允炆安插的大将宋忠驻扎在北平城外，还没等宋忠反应过来，不到三天，朱棣就控制了北平城。叛军虎视眈眈，就像一群发疯的恶狼。为了保全实力，宋忠只得退守怀来。

俗语言，名不正，则言不顺；言不顺，则事不成。对朱棣而言，起兵造反事小，找一个正当的理由最难。在道衍的帮助下，朱棣找到一个勉强可以说得出口的理由："朝无正臣，内有奸恶，则亲王训兵待命，天子密诏诸王统领镇兵讨平之。"（《明史》）

以这几句祖训为根据，打着"靖难"的旗号，朱棣的军队浩浩荡荡地向南方的都城进发。

更令朱允炆感到措手不及的是，朱棣竟然先修书一封，告诉皇帝，说他身边有奸谗小人，朱棣出兵，只为清除这等小人。

历史是多么的相似，在大汉历史上，吴王刘濞觊觎皇位，也借削藩之机，以"清君侧"为幌子，起兵造反。朱棣此举，不过是想实现吴王刘濞没能实现的梦想而已。

尽管叛军笔直挺向宋忠驻扎的怀来，北平城附近的南方军队还是很忠义，纷纷涌向怀来，誓与叛军决一死战。为补救没能制止朱棣占领北平城的过失，宋忠表现得十分勇敢，以非凡的镇定收编前来投奔的军队，并以莫大的勇敢鼓励军士直面凶神恶煞的叛军。

两军相遇，朱棣果然老奸巨猾，特意安排与宋忠的士兵是亲属的军队打先锋。

原来，为了激发军士的斗志，宋忠告诉他们，他们在北平城的家属都被朱棣杀害了。军士们听了宋忠的话后，义愤填膺，恨不能生吃朱棣的肉，活剥朱棣的皮。但是，当宋忠的士兵看到自己的亲人站在朱棣的前线时，都很恨宋忠。他们之中，有的逃亡，有的临阵倒戈。

军队发生哗变，结果可想而知，宋忠只得披挂上阵，最终被活捉。朱棣很爱惜宋忠的忠心，以卑辞厚礼招降，宋忠一口拒绝。在朱棣眼里，不是朋友，就是敌人。既然是敌人，朱棣就不会放过宋忠。

北平城被占领，居庸关被攻破，怀来被攻陷，大将宋忠被杀。朱允炆万万料想不到朱棣的速度如此之快，万分惊恐。

叔叔你好狠

建文三年（1401年），朱棣第三次率军南下。听到消息后，盛庸率军北上。两军在夹河相遇，依河扎营列阵。

对朱棣而言，盛庸算不上厉害的将军。盛庸之所以能够战胜他，因为盛庸了解他的一切。如果朱棣想战胜盛庸，也需要了解盛庸的一切。可是，盛庸是一个没有被记录进档案的人物。朱棣只知道，盛庸曾经是被追着打的败将，拥有火器和弓弩两项强项。

为了解对方，朱棣决定冒险一试，当一次侦察兵。

在阳光明媚的大清早，朱棣骑着一匹马，笔直地冲向布好战阵的盛庸军。尽管盛庸看得手发痒，也只能干瞪眼，因为朱允炆不希望朱棣有什么三长两短。朱棣很轻捷地冲向中央大军，接着轻轻一蹚，转向中央大军的左翼，最后还查看了中央大军的右翼。怀着看似满意的心情，朱棣悠然地返回自己的阵营。

经过一番侦察，朱棣发现，盛庸的作战方法很新颖。以他过往的经验，无法找出破解中央大军的方法。

就在朱棣自言自语地比画手势、苦想破解之法的过程中，谭渊似乎会错了意，率领一支队直挺挺地冲向中央大军。

中央大军中，后军大将庄得出战，一刀就斩谭渊于马下。叛军群情激愤，纷纷冲入战阵。盛庸害怕叛军骑兵趁机攻击中军，调动右翼，准备全面应战。战事迅速升级，陷入一片混乱。朱棣抓住这个时机，调动骑兵猛攻中央军队。天幸，盛庸很有能力，片刻就稳住了中央军队的阵势。

战局稳定下来后，朱棣的骑兵就捡不到便宜，只得立刻撤军。这次撤军，朱棣主动殿后，因为中央大军不敢朝他开火器或者射箭。

这一场小混乱，害得盛庸的大将庄得死于马下，被踏成肉泥。更令盛庸忧惧的是，朱棣发现了中央大军的缺点。在叛军阵营中，朱棣告诉诸将，中央大军只有火器和弓弩的优势。他们很不灵活，只要叛军骑兵能够把握时机，找到中央大军调动的空隙，一定可以击破对方。

第二天，又是一场硬碰硬的鏖战。不同的是，朱棣命令两支骑兵，分别进攻中央军队的两翼。盛庸也看出了朱棣的意图，死守中军，使大军岿然不动。

只要中军不动，朱棣就找不到中央军队的破绽。双方战到中午，互有死伤，但都不能彻底打败对方。但是，突然刮起一阵旋风，飞沙走石。借此天赐良机，朱棣大驱军马，杀得中央大军哭爹喊娘。

叛军乘胜追击，连吴杰和平安都被吓傻了，又一次躲进真定城。在朱棣阴谋诡计的引诱下，吴杰忘记坚守城池的职责，领军出战。在战斗过程中，朱棣再次发挥打不死的本领，上天还刮起旋风，叛军大胜。

翻开《明史》，读到"靖难之役"这一段，总让人百思不得其解。第一个疑团是朱棣多次身先士卒，却一丁点儿伤都没受。第二个是，为什么每到关键时刻，上天就要刮起风沙，帮助朱棣。

一句话，如果没有那么多次风沙，朱棣早就被生擒了。

因为靖难之役，北平附近的百姓过的是生不如死的日子。朱棣的感叹是："频年用兵，何时已乎？要当临江一决，不复返顾矣。"可见，这次出兵，朱棣抱着一决雌雄的决心。

趁朱棣带兵南下，河北、山西一带的地方军队倾巢而出，大举压向北平城。

尽管北平告急，朱棣还是继续向前，因为他收到一个天大的好消息——帝都空虚。中央屡次派遣大军北上清剿，数目不下100万人。那些拥护朱棣的宦官，就偷偷地告诉朱棣，帝都没有大军守卫。

经过道衍点化，朱棣绕开久攻不下的济南，掉过马头，径直挺向兵力薄弱的徐州。这个转变太大了，铁铉和盛庸等人想都没有想到，还在死死守卫济南。

没有遇上重兵抵抗，叛军一路南下，势如破竹。1402年，朱棣连克东阿、东平、单县，大军笔直地向徐州挺进。为保卫徐州，平安带领大军，风一般地向朱棣追来。到达徐州后，平安发现，徐州城完好无缺。现在的朱棣，没有以前执着了。只攻打徐州城一次，没有攻下，他就领着军队，攻打宿州。道理很简单，条条大路通帝都。只要打下宿州，同样可以通往帝都。

领着几万大军，平安追得上气不接下气。好不容易追到淝河，又被朱棣暗藏的伏兵杀得人仰马翻。尽管军队损失了大半，平安还是紧紧追击不放。追了大半个月，平安终于在淮水追上了叛军。两军沿河列阵，恶狠狠地瞪着对方。夜半，朱棣领军偷袭，平安大败。在中央军就要被围歼的时候，突然杀出徐辉祖的军队。叛军大败，大将李斌被斩。

时值夏天，天气炎热，军粮供给又不足，军士们都提议渡到河东。在关键时刻，军士说出这种颓丧的话，朱棣很生气，他告诉大家，想渡到河东的，站到左边。

一阵静静地沉默后，所有的叛军，除了朱棣一人，都站到左边。虽然如此，但是，没有一个人敢渡到河东去。原因有两方面：一是朱棣非常生气，军士都被吓蒙了；二是，如果单个人渡到河东，必然被中央大军砍死。不仅朱棣走上不归路，连跟随他一起造反的人，也都走上不归路。现在只有直奔帝都，为自己的命运而战。为了抵抗叛军，朝廷调徐辉祖回师南京。徐辉祖走后，单凭平安的军队抵挡不住朱棣。中央军刚刚撤退，朱棣瞄准时机，偷袭后勤部队，抢了好些军粮。叛军乘胜追击,将平安围困在灵璧。中央军没粮,大闹粮荒,差点发生哗变。

被困孤城,还缺乏粮食,只有突围可以活命。可惜,平安的运气不好,在突围过程中,被活捉了。灵璧一战,朱棣活捉37员中央猛将。此战一结束,朱棣领着大军兵临扬州城,扬州守将王彬被属下出卖,扬州城不攻自破。而直到扬州被攻陷,朱允炆才知道,朱棣并非善类。

叔叔来了,侄子没了

在扬州城上,叛军整天大唱大闹,非常猖狂。朱允炆坐在皇宫,听到扬州城传来闹哄哄的声音,就像听到阎王的叫唤。看着冷冷清清的皇宫,朱允炆已经开始后悔了,在他的一生中,削藩是错,纵容朱棣也是错。

皇帝心灰意懒,大臣方孝孺挺身而出,渴望挽狂澜于既倒。首先,派遣大臣出宫,四处招兵买马,号召天下有才之士勤王。其次,派遣庆成郡主拜见朱棣,答应分一小块土地给朱棣,让他收手。

庆成郡主是女性,又是朱棣的堂姐。方孝孺认为,朱棣会看在亲情的分上,答应庆成郡主带去的条件。可惜,朱棣是军人,只相信实力,不相信亲情。临别,朱棣告诉庆成郡主,帝都就要被攻破了。庆成郡主最好先搬一次家,等战争结束再搬回来。

拒绝议和条件后,朱棣大驱军马,向浦子口开来。驻守浦子口的,是中央的最后一员猛将盛庸。战斗初期,盛庸占据了上峰。眼看大业将成,却在临门一脚的时候栽了跟头,这是谁也不愿意看到的。为了救助父亲朱棣,朱高煦带来一支生力军,迅速加入战斗。朱棣打了三四年的战争,从没听说过朱高煦的军队。朱高煦此次加入战斗,因为朱棣就要当皇帝了。看来,这个儿子跟他的父亲一样,很会隐藏自己的实力,直到确定有肉吃才出手。

朱高煦是这么想的,他的大哥朱高炽身体不好,一定活不长。朱棣当上皇帝后,只要朱高炽一死,继承皇位的就是他。不仅他这么想,在战斗中，朱棣也这么说。

权力的诱惑是无法抵抗的，朱高煦鼓起一股猛劲儿，片刻就打败了中央军队。打败盛庸军队后，叛军顺江前进，朱棣终于看到京城了。但他并没有显出高兴之色。京城的城墙，不仅用花岗岩砌成，甚至加上糯米石灰，非常坚固。再说，京城里面，还有十几万军队，轻易攻不破。

那些胆小怕死的大臣，刚刚听说叛军围城，就劝朱允炆弃城而逃。站在道德的高度，方孝孺认为，无论如何，天子都不应该弃城而逃。如果天子抛弃皇宫，就等于抛弃祖上的基业，就证明朱棣造反有理。

老臣们又问方孝孺，万一京城被叛军攻破了，该怎么办。方孝孺声威凛然地说，如果京城真的被攻破了，为了江山社稷而死，也是应该的。京城没有被攻破，只是朱允炆被出卖了。负责镇守金川门的朱橞和李景隆贪生怕死，在叛军的软硬兼施下，打开了城门。朱棣领着大军终于冲进了皇宫，朱允炆也终于清醒过来。万分伤心之余，他一把火，将整个富丽堂皇的皇宫烧得噼噼啪啪的响。朱棣浴血奋战四年，差点连命都丢了，赢来的不过是一堆灰烬。

在皇宫的灰烬里，没有朱允炆；在被抓捕的人中，也没有朱允炆；在为保卫皇宫而战死的人中，也没有朱允炆的尸首。朱允炆活不见人，死不见尸，成了日后朱棣的噩梦。

尽管朱棣打赢了，很多老臣仍然骂他是乱臣贼子。为了证明自己不是乱臣贼子，朱棣大开杀戒。凡是反对朱棣登基的人，没有一个幸免于难。

齐泰、黄子澄和练子宁四处招募军队，渴望开展大反攻，最后被擒，以死殉主。为了表明自己的气节，黄观夫妻，先后投江而死。在台州，一个砍柴的樵夫，听说京城被攻陷后，也投湖而死。

这些年，朱棣最恨两个人，第一个是方孝孺，第二个是铁铉。中央大军北伐时，方孝孺写了一篇很精彩的讨贼檄文。朱棣看了那篇檄文后，气得喷血。道衍也告诉朱棣，方孝孺是天下读书人的楷模。如果攻陷京城，无论如何，一定要招降方孝孺。

为了招降方孝孺，朱棣做了很多工作。但是，无论朱棣如何表现，方孝孺都拒绝投降。就要登基了，朱棣请方孝孺写一篇布告天下的诏书，方孝孺还是一口拒绝。

在朱棣的强行压制下，方孝孺拿起笔，却写了"燕贼篡位"四个大字。朱棣忍无可忍，以灭九族威胁方孝孺。方孝孺大义凛然地说，即使灭十族，他都不怕。朱棣成全了方孝孺，加上方孝孺的朋友和学生，朱棣灭方孝孺十族。在中国历史上，这是唯一规模涉及十族的灭族惨案。

方孝孺死后，铁铉就是朱棣的眼中钉。抓住铁铉后，朱棣先进行了一番严刑拷打。铁铉的骨头跟方孝孺一样硬，这更令朱棣生气。为了使铁铉屈服，朱棣割下他的耳朵，并将割下来的耳朵塞入铁铉的嘴里。

自从朱棣进入京城，京城天天发生灭族惨案。在热热闹闹的菜市口，即使是阳光明媚的大白天，走在大街上，百姓都感觉阴风惨惨，十分恐怖。

如果没有姚广孝的煽风点火，朱棣就当不上皇帝。为了表示对军师的回馈，朱棣封姚广孝为资善大夫，兼任太子少师。姚广孝的官职，属于正二品，可见朱棣非常感激道衍。但是，姚广孝喜欢当和尚。每当夜幕降临，他就穿上和尚的袈裟，静静地打坐。

想当初，朱棣起兵时，收编了宁王的军队。当上皇帝后，朱棣发现，众兄弟中，宁王最不好对付。他不想看到这个兄弟成为第二个自己。为彻底瓦解宁王起兵造反的潜力，朱棣将宁王发配南昌。尽管如此，朱棣还是睡不好觉。在接下来的几年里，朱棣运用权力，对宁王一贬再贬、一削再削。

第六章

激情燃烧的永乐岁月

迁都,迁出了一段帝国盛世

朱棣成功进入帝都应天,是一项伟大的成就,但也暴露了大明朝廷的缺陷——没有燕王朱棣和宁王朱权,北平就没有安宁的日子。趁靖难之役,大明朝廷周边的藩属国纷纷发动叛乱,打独立战争。最为突出的是,趁北平空虚,蒙古军队屡次南下。

在明太祖朱元璋的安排中,燕王朱棣和宁王朱权负责保卫北方。靖难之役爆发后,不仅朱棣的军队全部投入南方战争,甚至连宁王都被收编。没有专门对付蒙古骑兵的朵颜三卫,蒙古军队一路南下,势如破竹。

更糟的是,北平守将沈永是个无能之辈,一味听任蒙古骑兵烧杀抢掠,还隐瞒不报。直到大批难民如潮水般涌向南方,中央才知情。朱棣听说后,勃然大怒,拖出沈永,一刀砍了。

蒙古大军南下侵犯一事,促使朱棣做了一个惊天动地的决定。因为朱棣的这个决定,大明朝政治格局从此改变,并且影响后来的清朝,甚至影响今天的中国。

永乐六年(1408年),朱棣向群臣宣布,迁都北平。

这项诏令刚刚颁布,朝廷内部即刻分裂为两派,北方一派举双手赞同迁都,南方一派不同意迁都。北方一派以朱棣为首,附和者多是参加靖难之役的武将。理由很简单,他们的家在北平。到了南方后,吃得不习惯，住得不习惯，连天气都适应不了。

朱棣虽然生在应天，可是他的大半生在战乱中度过。朱元璋打天下时，非常繁忙，连给朱棣取个名字的时间都没有。还有，不满21岁，朱棣就被派往风沙肆虐的北平。那时的北平，除了一座破城，就一无所有。

经过若干年的努力，朱棣在北平建立了自己的家庭，生了孩子，养了自己的军队。北平不仅是朱棣的根基，还是他的家。拿北平与应天相比，朱棣觉得，应天只是皇权的象征。再说，朱棣的皇权是抢来的。如果将帝都迁到老家北平，不仅可以证明他的合法性，也好开展他的千古帝业。

反对迁都的南派，大多是从小就生长在南方的儒学之士。他们也是习惯了应天懒散的生活，爱好优美的山清水秀的风景。如果到北平，不仅风沙大，连水源供给都不充分，叫人怎么活。在这批儒学之士心里，北平只适合当兵的人驻守。

尽管反对派的呼声很高、意见很大，朱棣还是力排众议，坚决迁都。朱棣的意思是，迁都北平是死命令，只可以实行，没有商量的余地。遇见这么一位英明神武的铁腕皇帝，南方的反对派不敢再坚持自己的意见。但是，反对派问朱棣，如果迁都北方，粮食问题怎么处理。

面对这个大难题，朱棣从三个方向开始工作。首先，派遣军队开凿从应天到北平的漕运，保持河流通畅。其次，大力修建北平城，无论如何，一定要建得比应天大，比应天富丽。最后，迁移百姓，让他们去开垦北平周边的土地。

首先修好的是水利工程，在奏章里，工部尚书宋礼写道，"南极江口，北尽大通桥，运道三千余里"。在中国历史上，开凿运河的朝代很多，数明朝最成功，因为没有引发大的叛乱。1421年，北平城修建工程竣工。朱棣一声令下，全国迁都。为了修建北平城，前前后后仔细算起来，一共修了15年，共征调军工、民工累计二三十万人。在这期间，整个大明的重心都向修建北平城这个浩大的工程倾斜。无论是工匠、粮食，还是建筑材料，朝廷第一个先满足修建北平城。

现在的紫禁城，就是朱棣留给后世的杰作。不算护城河与城墙之间的绿化带，紫禁城占地面积为72万多平方米，宫殿占地面积为16万多平方米。紫禁城内的建筑严格按照"井"字形布局，规划得非常整齐。更令人意想不到的是，北平城不仅建造得金碧辉煌，体现了皇家的气派，甚至建设了下水道系统。

坐在北平城，看着整个大明的版图，朱棣开始了他梦想的千古帝业。但是，迁都北京后，发生了无数次令人心惊肉跳的天灾，全国的很多大城市都发生火灾。联系起朱允炆是自焚而死的，很多反对迁都的南方大臣就借题发挥，指责迁都的过错。

听了这帮腐儒的言论后，朱棣勃然大怒，将呼声最强烈的萧仪给杀了。杀了萧仪后，朱棣放出话来，迁都是一项死命令，无论如何，必须执行。如果有谁胆敢违背，萧仪的下场就是他们的榜样。

如果没有朱棣的坚持，北平就不会成为大明的国都。朱棣依据北平起家，北平城仿佛被上天注定了，要见证朱棣的永乐盛世。

万国来朝，我很欣慰

永乐朝之所以被后世推崇为永乐盛世，是因为朱棣在政治、经济、文化和外交方面都作出了杰出的贡献。其中，最令朱棣感到自豪的是，他实现了"万国来朝"的美梦。

作为一位军人，朱棣坚毅果敢。大明周边的国家，无论是大是小，是强是弱，只要敢向朱棣挑战，朱棣就敢应战。朱棣不是百战百胜的将军，可是，每一次出兵，无论条件多么恶劣，他都一定会坚持到最后，坚持到赢。如果失败而回，朱棣会积蓄力量，奋发图强，争取下一次的胜利。靖难之役，朱棣屡败屡战，这是他的坚毅和执着的最好体现。

当然，朱棣还是一位手腕极其灵活的政治家。为使周边的其他国家诚心归附，他施展了灵活的外交手段。郑和几次南下，耗费国家大量钱财，全因朱棣一人支持。郑和所到之处，无论是大国小国，都以大明朝的名誉，赠送大量珍宝。作为交换，那些国家纷纷表示，承认朱棣，归附大明。

自从登上皇位，朱棣就一直在证明自己的合法性；赢得最大多数人的支持，是朱棣的主要目的。修撰《永乐大典》是为了证明朱棣的合法性，迁都北京也是为了证明他的合法性，发展外交、扩展国家版图也是为了证明他的合法性。

郑和率领的船队，绕过东南亚，一直航行到非洲。其间，东南亚和非洲国家的使臣，一共有300多人次来大明朝拜，平均每年有十次左右。这些国家所派遣的使臣，不是三个两个，而是一大群，而且来的使臣一次比一次多。永乐年间，在大明首都的大街上，随处都可以见到外国使臣。

更令后世皇帝感到望尘莫及的是，在朱棣的慷慨关照下，满剌加、文莱、苏禄等国家的国王，亲自率领使团，前往大明拜见朱棣。大明太有吸引力了，好多使臣来了就不想走，甚至赶都赶不走。据统计，外国使臣来大明，平均居留时间是两三个月。

浡泥王和苏禄王，来到大明就不想走了。他们在中国居住了很长的时间，最后在中国病故。他们留下的唯一遗嘱是，能够安葬在中国。朱棣也不介意为他们举办隆重的葬礼，将浡泥王葬在南京，葬苏禄王在德州。

作为国君，浡泥王和苏禄王竟然渴望被安葬在中国，可见中国对他们的吸引力之大。

那个时候，琉球群岛上有三个小国家，分别是中山、山南和山北。为拉拢明朝，中山国派出大批使臣，风风光光地来朝拜。山南国和山北国听说后，不甘落后，派出更多的使臣，朝拜的规模比中山国还大。这些小国家在互相竞争，看哪国对中国的朝拜最热烈，以此得到政治和军事上的援助。

散财童子下西洋

距今 600 多年前,有一天,素有"天下第一港"之称的江苏太仓刘家港码头沸腾了。港口四面桅樯如林,人头攒动,锣鼓震天,一改往日的静谧。在一艘昂首翘尾、漆成棕黑色的宝船上,一位气宇轩昂的壮年男子静静地凝视着那一片海。那里将是他未来的旅途,是他必须面对和打拼的地方,他的目光里透着坚毅和豁达,还有一丝不易觉察的迷惘。是啊,海的那边是什么?是否还是无边的海?这个答案谁也不能告诉他,他只能自己去寻找。

这一天正是明朝永乐三年(1405 年)的六月十五日,历史铭记了这一天,同时也记住了这一天的第一主角——郑和。因为,他要率领着世界上第一支由 200 余艘舰船和 27800 多名官兵组成的庞大船队向未知的海洋出发了,这是一次史无前例的远洋航行。这支船队将泛海南下到福建的长乐候风,等到冬天东北季风吹起,云帆交挂时,他们就要起航。

众所周知,这次出航的领袖是一位太监。在世人的印象中,太监在明朝就是以祸国殃民为能事,没有其他作用。可是,郑和做出了惊世之举。其实命运就是这样,它对每个人都很慷慨,它会给每个人机会,只要能抓住并加以利用,就有可能流芳百世;同时命运也爱开玩笑,说不准就会让人遗臭万年。郑和的运气出奇地好,他被命运眷顾了,且是可以流芳百世的眷顾。

洪武四年(1371 年),郑和出生于云南一个回族家庭,当过僮仆的他,是马哈只的儿子,只有一个小名"三保"。现代学者根据《郑和家谱首序》《赛典赤家谱》考证,郑和为元朝政治家、中亚布哈拉贵族赛典赤的六世孙,如果情况属实,那么可以说他的先祖是异常显贵的。

洪武十四年(1381 年),朱元璋派大将傅友德、蓝玉等率三十万大军征讨云南。在战乱中,年仅 11 岁的郑和被明军掳获阉割,在军中做"秀童"。在那个还不知道屈辱为何物的年龄，郑和便遭受了如此屈辱，是坏事，亦是好事。云南平定之后，郑和随军调往北方，他因"丰躯伟貌，博辩机敏，有智略，习兵法"，被选送到北京燕王朱棣的府邸服役，深得燕王的喜爱。看来有可能出身于贵族的他，血液中真的遗传了贵族精神，要不然何以轻易便修得文武全才呢？这其中天赋的东西是不容忽视的。

后来，在靖难之役中，郑和跟随燕王朱棣南征北战，立下了不少战功。朱棣登上皇位后对郑和更加信任。永乐二年（1404年），朱棣为表彰郑和的功绩，亲笔写了一个"郑"字，赐他为姓，从此更名郑和，史称"三宝太监"。虽然在现在看来，自己的姓氏生生被别人给改了，这是让人不能容忍的事情，但是在古代，由皇帝赐姓，这可是莫大的荣耀，也许这使得郑和对朱棣的忠心比他的江山还要牢固，朱棣大概也认识到了这一点，所以对他委以重任，派他出使西洋，揭开了郑和七下西洋的序幕。

无论如何，郑和是像英雄一般地出发了，因为他有做英雄的资本，首先是政治资本，有朱棣这位天下之王站在他这一边，亲友团的身份够高；其次，他身后有一个世界最强大王朝的支持，经济上没有问题，不致让自己在海上漂泊着，还要受饥饿之苦；最后，郑和天赋高，要文能文，要武能武，又在皇帝身边做事，什么事情没见过，经过千锤百炼之后，也是一位合格的政治家和军事家，统领几万人还是小菜一碟，这难不倒他，至于以后在海上的情况，也自能随机应变。

于是，待东风吹拂，他便号令将云帆张起，一个辉煌的中国航海时代拉开了帷幕。

生于战火，死于征途

永乐二十二年（1424年），朱棣再次亲征蒙古。这次亲征是朱棣第五次亲征蒙古，距离朱棣第四次亲征的时间不到一年。间隔这么短的时间，国家频繁用兵，还是劳师远征，百姓自然承受不住。尽管国库空虚，朝廷仍然不得不支持朱棣亲征，否则相关人员就要被问罪，不是发配边疆就是打入大牢，甚至被杀头。

阿鲁台非常聪明，专门打游击战。明朝大军前来征讨，他就急急忙忙卷起铺盖，逃得无影无踪。明军走了之后，他再南下，侵犯边境，抢夺财物。朱棣担心朱高炽继位后对付不了阿鲁台，他心一横，拖着年迈的身体，亲自出征。朱棣连老命都豁出去了，也是为了明朝的帝国大业，真是辛苦。

走了五个多月，明军终于来到阿鲁台的巢穴达兰纳木尔河。但是，除了缓缓而逝的河水外，什么都没有。阿鲁台听说朱棣亲征，吓得跑了。其实，这个时候的朱棣已经垂垂老矣，可以说离死亡不远了。

一路上的颠簸，再加上朱棣年老病多，他已经是躺在床上只有气呼出来没有气吸进去的人了。眼见朱棣不行了，随行大臣和武将们就商量对策。可是，这帮文臣和武将的隔阂太大了，说不到一起。

以张辅为首的武将说，他们愿意立下军令状，领取一个月的粮食，深入大漠，无论如何，一定提阿鲁台的人头来见朱棣。张辅是名将张玉之后，又建立了平定安南（今越南）的奇功，很多武将都追随他。

杨荣不同意，他说大军走了五个多月才到达达兰纳木尔河，如果再继续待下去，就算朱棣的身体撑得住，也会闹粮荒，无论如何，一定要班师回朝。武将们想建立军功，不想无功而返。可是，阿鲁台是大漠的地头蛇，很难找。如果张辅领了一支军去，花了两个月都没找到阿鲁台怎么办？

商量来，商量去，办法没想出来，文臣和武将却吵得越来越凶。听着这群人激烈的争吵，朱棣有气无力地说了一句，班师回朝。皇帝发话，没人敢反对。第五次出征同第四次一样，白白耗费人力、物力和财力，结果一无所获。

走了两个多月，明军七月回到翠微岗。朱棣感到自己不行了，召见杨荣，说了几句知心话。他告诉杨荣，他戎马一生，经过无数次战斗，最终不得不服老。太子朱高炽监国已有20多年，受到的磨炼够了，对政务已经熟悉了，应该能够得心应手地处理全国大小事务。回到京城后，他就将大权交给朱高炽，自己腾出时间，好好享享清福。

杨荣静静地听着，对朱棣说，朱高炽仁厚爱人，一定会处理好全国事务，不会辜负朱棣的期望。这些年来，太子遭到朱高煦无数次陷害，非常艰苦。即使被朱棣强行迁到安乐州后，朱高煦仍然不死心，还在打皇位的主意。

军中的武将，大多支持朱高煦当皇帝，张辅就是朱高煦的好战友。杨荣之所以坚持要求班师回朝，主要是害怕朱棣死在外面，被朱高煦伙同军中的其他将领，发动兵变，篡夺皇位。如果军中将领趁朱棣死后造反，杨荣等文臣手无缚鸡之力，必然被朱高煦控制。到那个时候，朱高炽的皇位就会被抢夺。

一路上，朱棣的身体一天比一天差。杨荣很担心，祈求老天保佑朱棣活着回到京城。但是，上天没保佑，刚刚走到榆林，朱棣就断气了。更令杨荣感到害怕的是，朱棣临死前，单独召见了大将张辅。

张辅是朱高煦的好战友，他们的情谊是在战场上培养的。杨荣又不知道朱棣对张辅说了什么，不能确定张辅的立场。面对事关成败的关键一刻，杨荣只能先发制人，走一步险棋，封锁朱棣的死讯，暂时不发丧。

朱棣这一生，有功，也有过。对于国家而言，他的功劳很大。"知人善任，表里洞达，雄武之略，同符太祖。"（《明史》）意思是说，朱棣英明神武，雄才大略，同太祖朱元璋一样。

在朱棣的带领下，明朝"六师屡出，漠北尘清。至其季年，威德遐被，四方宾服，明命而入贡殆三十国"（《明史》）。这话的意思是，朱棣率领军队开疆拓土，实现了四方宾服、万国来朝的美梦。曾记否，有两个小国家的国君，来到明朝后就不想走了。言称死了之后躯体也不回国，希望能够被埋在中国。

"（明朝）幅陨之广，远迈汉唐！成功骏烈，卓乎盛矣！"（《明史》）在中国历史上，明朝的版图，只比元朝的小点儿，可见朱棣的贡献不小。当然，《明史》也指出，朱棣"革除之际，倒行逆施，惭德亦曷可掩哉！"（张廷玉《明史》）朱棣的过，大多是对人犯的，例如登基之际大肆诛杀士大夫。

史学家费正清从人民的视角和国家的发展前途这两个层次评价朱棣，从这两个层次论述，朱棣的帝国大梦带给朝廷和百姓的都是灾难。"永乐帝的国内计划和对外征战的花费是巨大和浪费的；它们给国家和黎民百姓造成了异常沉重的财政负担。这些计划的耗费引起了诸如夏元吉和李时勉等朝廷官员的批评，前者反对对蒙古的第三次征讨和郑和的几次远航，后者反对在北京建都。还有人对征剿安南而造成人力和物力的紧张状况，对漕运制度以及其他国内计划和对外的冒险行动发表了反对的意见。"（费正清《剑桥中国史·明史》）因此，朱棣千古一帝美梦的实现，是以对百姓的压榨和对谏臣的惩罚为代价的。

从国家的长远发展来看，帝国大梦也有贻害。"永乐帝留给明代后人的君主们一项复杂的遗产。他们继承了一个对远方诸国负有义务的帝国、一条沿着北方边境的漫长的防线、一个具有许多非常规形式的复杂的文官官僚机构和军事组织、一个需要大规模的漕运体制以供它生存的宏伟的北京。这只有在一个被建立帝国的理想所推动的朝气蓬勃的领袖领导下才能够维持，这个领袖不惜一切代价，并愿意把权力交给文官，以保持政府的日常职能。"（费正清《剑桥中国史·明史》）

也就是说，如果想要继续维护大明帝国的统治，后继者必须拥有朱棣的帝国大梦的内驱力和实现帝国大梦的才能。可是，明朝后来的统治者缺乏朱棣的远大抱负。后来的皇帝不能满足国家发展所提出的要求，国家自然就要崩溃。从这个层次论述，明朝的败亡，朱棣早就埋下了祸根。

第七章

仁宗是个好皇帝

减税是个好办法

明仁宗登基后,颁行了许多诸如救济灾民、免除赋税的休养生息政策,并且经常下令让地方官宽以待民,体恤人民疾苦,以缓和阶级矛盾,减轻因连年战乱和迁都带给人民的沉重负担。

永乐二十二年(1424年)九月,黄河决口,河南开封被淹,灾情严重,人民流离失所。仁宗下令免除开封当年的赋税,并派遣右都御史王彰前去安慰灾民。当月工部向皇上上奏,建议征收布漆,以整修军备。仁宗下令:自此以后,官家所用物料一律到产地以钞买之,禁止向百姓征收,违背的按律治罪。治水左通政乐福上奏:"江南苏、松、常、杭、嘉、湖六府发生水灾",请求延缓赋税的征收。仁宗获悉后准许以钞币代替粮赋征收。直隶广宗县发生水灾,仁宗得知后命令当地官员开仓放粮,救济灾民。

十月,山东登州、莱州诸郡发生水灾,仁宗下令免去赋税。因苏州、徐州发生水灾,仁宗下令免去当年秋天的赋税。浙江乐清发生饥荒,仁宗下令开仓放粮救济灾民。而且仁宗下令给各地的官员说:"凡是国家政策中有不利于人民的一定要上奏,如果当地受灾不立即上奏请求赈济者,必给予论处。"

为了发展农业生产,仁宗曾多次下令不准干扰农务,并于永乐二十二年(1424年)九月下令把太仆寺的马分给各卫所以及沿边戍守边疆的士兵牧养，以用于农耕。仁宗的这种做法是考虑到农业的恢复和发展，怕因牛马不足耽误了农耕。仁宗曾告谕户部尚书夏原吉说："自古以来寓兵于农；农民若无转输之劳，则兵食足矣，先帝创立的屯田法不错，但是农耕经常受所司征派徭役的干扰，从今以后，对全国各地卫所屯田军士，差役不得擅自摊派，有碍农务，违背命令者要严惩不贷。"

洪熙元年（1425年）二月，在舞阳、清河、睢宁一带发生饥荒，民众四处逃荒，民不聊生，仁宗下令将本县仓储中的粮食发放给灾民，以救济他们。三月，乐亭、连城、莱芜、蓬莱等地发生灾荒，同样，仁宗也命令将本县仓储的粮食分发当地农民。四月，南方的官员说，山东、淮安、徐州等地，农民粮食匮乏，而当地的主要官员对此不予理睬，仍然加紧征收赋税。于是，仁宗向蹇义查问情况。蹇义答道："确实如此。"仁宗命令杨士奇草拟诏书蠲免山东、淮安、徐州当年夏税的一半，所有的官买物料一律停止。杨士奇说："必须令户部、工部知晓。"仁宗说："救民如救火，不可稍有迟缓。主管官员一定会因考虑国力不足，而犹豫不决，以后再通知他们好了。"于是令士奇在西角门草诏，皇上阅览完毕立即颁行。仁宗对士奇说："体恤平民百姓宁可过厚，作为天下之主，怎么可以与百姓斤斤计较呢！"大名府、河南、山东等地发生饥荒，仁宗闻讯便下令发仓储赈济灾民。仁宗仅仅在位十个月，但他时刻想着"以民为本，以农为本"，贯彻实行与民生息的政策，这对调动农民的生产积极性，使农业不断向前发展有积极作用，同时也稳定了社会政局。

仁宗告谕户部大臣说："农业是农民衣食之源，耕耘收获，不能误了时节。从现在开始，无论什么时候，不要把差役放在务农之前，而要等到劳动力有闲余时再征派。前人曾有过放弃农耕而滥发徭役，致使农耕遭到妨碍，引起天下暴乱之教训，我们必须警惕。"京城附近大兴、宛平二县的县官被仁宗召见进京，旨谕他们将百姓安抚好，让农民首先感受到政策上的恩惠，并说，最近几日，徭役之事仍困扰着在京的百姓，这些难道不是因为你们做州县地方父母官的失职造成的吗？并下令三天为限，让县官将民间何事便利、何事不便全部具体报来，由皇上亲自处理。如果地方官吏对朝廷的旨意置之不理，将论罪惩处，毫不姑息。

仁的政策放光芒

身为明代"盛世"的君主仁宗，知道治理国家的根本是爱惜民众，保存农力与牲畜，发展农业。为此，他多次颁布诏令要求废除一切不利于保护牲畜、发展农业的法令。牲畜作为农业生产的最基本的劳动工具，对发展农业、维持农民生活是必不可少的。因此仁宗把禁止私自宰杀牲畜，作为一条法令颁行全国。

有一次，太常寺的主管官员向仁宗上奏说："最近，专门饲养供给祭祀用的纯金色的全体羊越来越少，供不应求，请求内库发给钞币，派遣官员到产羊集市购买。"仁宗看完奏折，立即批示道："作为百姓的父母官，必须爱惜民力，而后才可以供奉神灵。朝廷侍奉神灵，难道不舍得花钱吗？去年负责办理此事的主管官员不顾全大局，按照洪武中期的价格到集上购买祭礼的牲畜。实际上，任何商品的价格，随时都依赖市场的行情变化而变化，不会是固定不变的价格。现在比较洪武时期，民间各种物品的价格已涨了几十倍，然而祭神之物仍旧按照原来的价格，百姓的利益因此受到损害，民众怨声载道，愤愤不平，神灵岂能享受供奉？今后供祭祀用的牲畜，必须按照京城的市场价格给钞购买，如果在产地购买价格不足，当地政府应从所罚赃款中补发给百姓，这些应由当地主管官员执行。另外，巡抚御史监督畿辅之内市场，按察司负责监督畿辅之外，严禁低价收购畜牲，切勿骚扰百姓，损害他们的利益。"仁宗这种爱惜民力的思想是难能可贵的。

所谓"法"，是一个国家用于维持统治秩序、保护人民生命财产安全的法律制度。法律、法令的执行应该公平。封建社会的君主作为最高统治者，无疑要对法律有充分的、深刻的认识，所有开明的君主都应秉公执法，不徇私情，不滥行酷法，而实行仁政，以取信于民，使法律、法令成为维护社会长治久安的根本保证。

明仁宗朱高炽是位开明贤能的君主，他决心以执法公正，实行仁政来振兴国家。他告诫负责处理刑事案件的刑部与都察院的主管官员说："朕对于刑法，不敢依个人的意志而有所改变。你们处理刑事诉讼案件，也应当广集各种材料和情况，仔细辨别案情的真伪，依据真凭实据，秉公处理，从而达到有罪能绳之以法，无罪者不白白受冤。只有执法者公正办案，才能使法律严明而取信于民。这样一来，天下人才能有所忌讳，而不是无视法律而为所欲为；从而使天下太平，百业兴旺。"仁宗又进一步指出："你们不可对真相实情不明，只凭个人主观愿望和主观判断，或迎合朕的意思，导致无罪的人含冤而死。我厌恶这样的行为，更不准许这样的事情发生，你们要引以为戒。身为国家的重臣，国家的重任在你们身上，如果某一时候我怒气冲天，怀恨在心，对某一案件处理不当，希望你们能向朕直言，以达到执法公正、无私，不要令我失望啊。"可以看出，他深深认识到，执法公正与否是治理国家的关键。

仁宗既主张秉公执法，又主张废除酷刑，实行宽政。洪熙元年（1425年）三月，仁宗下诏说："刑法是用以禁止暴乱行为、引导民众行善的，不是专门用来诛杀。所以，法律、法令制度的制定，要轻重适度。作为执法者，更要依法据实秉公处理，切勿冤枉好人，滥施酷刑。此后，所有有犯罪行为的人的定罪都要以法律为依据。当朕由于个人过于愤怒，超越刑法之外用刑不当时，你们必须秉公上奏，帮助我改正。假使你已上书五次，仍没被采用，还要联合三公大臣一起上奏，直到得到允许才可停止。"

他还说："各主管刑狱的法官对囚犯不得实行鞭背与宫刑这两种酷刑。从今往后，只有犯有谋反大罪的，才给予株连亲属的刑罚。自古以来，凡是开明盛世，都采纳听取民间的进言，作为警戒、教训。现在奸诈狡猾的人，往往从只言片语中大做文章，对好人进行诬陷、攻击，使好人背上罪名被打入狱中。这样刑法不公，民众则无法可依了。以后，只对诽谤他人的予以惩治，对于上告之人不要治罪。"仁宗又告谕刑部尚书金纯说："最近以来，掌管刑法的官署应专门处理那些枉加罪名肆意罗织的案件。法律要讲求宽大。"金纯上承皇帝的旨意，对犯人实行宽大处理，而且属下的狱吏也常被告诫，不许擅自用椎击打犯人。从此之后的一段时间，狱中打死人的事情没有发生过。

仁宗严禁施行酷法，时时告诫朝廷内外文武大臣，应该端正执法风气，实行仁政，爱护天下百姓；百姓受到感化，国家才能日渐兴旺起来，社会也会日趋稳定。

明仁宗不仅执法公正，为人也宽厚、仁慈。他在为皇太子时，就懂得要关怀、爱护士兵。即位之后，他凭借自己长期监国的丰富经验，实行开明政策，广施恩泽，体贴民众，采取与民休息的政策，以争取人心归附，达到社会长治久安的目的。

依照明朝的旧制，必须是紫禁城内直属皇帝控制的亲军属下的各卫军士，才有资格成为守卫皇城的将士。这些将士担负着神圣使命，那就是保证皇帝及其家族的安全。因此，要对他们进行严格挑选、考察训练，然后再委以重任。同时皇城卫士必须是忠实可靠的人，而且能够长期使用，所以要求这些将士必须忠于职守，不能轮流更换。为了确保皇帝的安全，他们还必须与外界隔绝，甚至不能和自己的妻子、儿女和父母相见。

仁宗即位后，意识到以往守城将士均是亲军，且又不得更换的旧制存在着很大弊端，便下决心要改革这种旧制。他怜悯生活艰辛的守城卫士，说："守城卫士长期守卫皇城，不分昼夜，极为辛苦、劳累，加上长年累月不能更替，甚至不准回家休息，无法与父母、妻子儿女团聚，实在是太残酷了，于情于理都说不过去，必须加以改革。"于是，他下令从分散各地的卫军中，选出精明强壮的卫士，以更换那些长期守城的将士，让他们有机会进行休整。为此，兵部尚书吕庆上言说："守卫将士事关重大，怎么可以相信分散的卫军呢？"仁宗笑答道："对人不能全信，也不能全都怀疑。作为人君要广施仁爱，以博得众心。以诚得其心，方能化敌为友，如若失去人心，即使是亲信也会反目。古人云：舟中敌国，盖既往多有之矣。"仁宗关心士卒的疾苦，并施以恩泽，博得了他们的拥护和爱戴。吕庆等诸臣也都被仁宗的仁爱之心感动。

朱高炽与大臣们这种良好的关系与感情，极大地影响了他登基后的政策。

朱高炽与建文帝朱允炆都是明朝建立后的第三代传人。他们与祖父朱元璋，父辈朱标、朱棣都有所不同，在君主独裁与统治集团内相对民主化的选择方面，更倾向于后者。

朱高炽即位后实行的仁政，其实就是一种宽松政策。这恰恰迎合了当时文人士大夫们的利益与理想。他除了在其登基的诏书中规定罢西洋宝船，停止迤西市马和云南、交趾采办外，还施行了一系列善政。多年监国经历使他积累了丰富的政治经验，而即位又使当年根本无从推行的政治主张如今终于能够变成现实了。

可惜，好景不长，好人的命更不长。洪熙元年（1425年）五月，朱高炽当皇帝不到一年就死了。关于他的死因，有几种说法，第一种是被雷击死，第二种是中毒而死，第三种是过度纵欲而死。"但是一名太监的报告说他死于心脏病发作，考虑到皇帝的肥胖和足疾，这种说法更为可信。"（费正清《剑桥中国史·明史》）

综观朱高炽的一生，他是历史所盛赞的理想性的开明儒家的贤君明主，他以古代贤王为楷模，坚持简朴，广施仁爱，更为重要的是，他对人很诚恳，没有城府。只有朱高炽，才做到了既是朝臣的君主，也是朝臣的朋友这一身而二任的事。

第八章

宣宗也是好样的

好叔叔，你就降了侄儿吧

宣德元年（1426年），一个名叫枚青的人，骑着一匹快马，如流星一般从乐安府直奔京城而来。他一路上小心谨慎，不多说话，也不多休息，只知道吃了饭就赶路。进入京城后，他避开热闹繁华之地，找一家冷清的客栈待了下来。晚上，他又悄悄溜出去，直奔大将张辅的府上。

枚青是朱高煦的心腹，此次孤身出行，目的是替主人联合张辅造反。朱瞻基即位后，朱高煦感觉自己再也等不下去了。原因很简单，朱瞻基不仅年轻，身体还很好，朱高煦死了他都还没死。苦苦等了那么多年，等得头发都白了，牙齿都落了。眼见自己的大限就要到了，朱高煦决定放手一搏，拿自己的命与皇位赌一赌。

听了枚青替朱高煦带来的造反宣言后，张辅静静地坐着，什么也没说。突然，张辅一声令下，几个身强体健的武夫跳出来，三两下就将枚青打倒，捆在地上。张辅很识相，乖乖地将枚青交给朱瞻基。

同朱高炽一样，朱瞻基也很有仁爱之心。尽管朱高煦预谋造反，朱瞻基还是给他一次机会，派出使者晓谕，让他好好反省一下。中央使者侯泰来到朱高煦府上，受到的却是侮辱性待遇。

史书记载，朱高煦面南而坐，还说了一通强词夺理的话。他的意思是，靖难之役他立了大功，深受朱棣喜爱。可是，朱棣听信谗言，分封他到乐安府这个鬼地方。朱高炽当上皇帝后，又封他的官，又赏他的钱，目的只为收买他。现在是不懂事的朱瞻基当皇帝，皇帝竟然敢压制他。

朱高煦不仅说，还做了很多不合常理的事。他带上侯泰去观赏他的军事演习，明目张胆地对侯泰说，仅凭参加军事演习的部队，他就可以横行天下。最后，他让侯泰转告朱瞻基，如果把煽动朱瞻基的人捆起来送给他，他愿意同朱瞻基和谈。可以看出，这里的和谈，不是一般性质的和谈，而是让朱瞻基让位给他。

朝臣听说朱高煦如此张狂，勃然大怒，纷纷奏请朱瞻基任命薛禄为帅，领军出征。宣德元年（1426年）八月，朱瞻基亲征朱高煦，行军十天就到达朱高煦的家门口乐安城。朱高煦的消息很不准确，见到朱瞻基之前，他一直认为征讨主帅是薛禄。看到中央军被皇帝亲征鼓舞得斗志昂扬后，朱高煦就胆怯了，连发布命令的声音都是颤抖的。首领胆小如鼠，兵将们见了之后，连抵抗中央军的勇气都没了。

见敌军毫无斗志，只是惧于朱高煦的淫威才不得不守城，朱瞻基也不想多造杀孽。中央军调动神机营，出动火铳队和弓箭队，一排排的子弹和飞箭纷纷射向守城军士，威慑力非常大。攻势太猛了，守城的军士被吓得魂都没了，纷纷逃离岗位。

紧接着，朱瞻基就打心理战。他命弓箭队将敕令射入安乐城，告诉敌军，此次征讨的目的只在惩罚朱高煦，其他人员如果及时醒悟，弃暗投明，中央军不会追究。另外，朱瞻基还特别强调，如果生擒或者斩杀朱高煦，中央军会重重赏赐。本就毫无斗志的叛军读到这个敕令后，不仅毫无斗志，甚至想造朱高煦的反。尤其是朱高煦的近卫兵，时时都伸手捏着他们的刀，恨不能一刀砍了朱高煦。

眼见军队就要发生叛变了，朱高煦不知怎么想的，突然派人出城告诉朱瞻基，他愿意投降。条件是给他一晚上的时间，他要向他的妻子儿女告别。能够和平解决问题最好，朱瞻基答应给朱高煦一个晚上。

第二天，太阳还没升起，朱高煦就想打开城门投降。突然，叛军大将王斌一把拉住朱高煦,他告诉朱高煦,作为军人,战死光荣,投降耻辱。朱高煦突然豪气大作,表示宁可战死,绝不投降。

召集起叛军,朱高煦往高处一站,发表了一通惊天动地、泣鬼神的誓与安乐城生死共存的豪言壮语。本来毫无斗志,甚至想杀了朱高煦去领赏的士兵们听了这一番演说后,也激情澎湃,势如怒潮。

两军对峙,就要喊打的时候,叛军突然发现,朱高煦不见了。主将不见,叛军很惊慌,四处找寻。找来找去,整个安乐城都翻遍了,就差没掘地三尺,还是没见朱高煦。叛军将领死都想不到,发表完演说后,朱高煦不知怎么想的,偷偷溜出安乐城,向中央军投降去了。

在造反这出闹剧里,朱高煦连主角都不是,压根儿是一个逗人发笑的丑角。还在行军途中,朱瞻基就算定了,朱高煦一定会死守安乐城,等中央军攻打。关键问题是,朱高煦只有那么一点点人马,怎么对抗朝廷的几十万大军?朱高煦不仅坐以待毙,甚至打都没打就投降了,真是一个十足的小丑。与他老父亲朱棣相比,朱高煦简直一无是处。

朱高煦投降后,朱瞻基没采纳大臣们的杀朱高煦以儆效尤的建议。朱瞻基是这么想的,无论如何,血浓于水,只要朱高煦不再犯事,过去的一切都可以原谅。

闲着没事干的一天,朱瞻基想念叔叔,就到西安门去看望。两人见面后,不知道朱高煦突然犯什么毛病,猝然玩一个勾脚,把朱瞻基重重地摔了一下。皇帝被暗算,还摔倒了,多丢人。为了给朱高煦一个小小的惩罚,也算是警告,朱瞻基命人找来一口300余斤的大铜缸,将朱高煦罩住。

也许朱高煦觉得大牢里的生活太无聊了,不弄出一点好笑的事来不行。被大铜缸盖住后,他竟然使出全身力气,将缸给撑起来了。不仅如此,撑着铜缸的朱高煦很有精神,东撞撞,西撞撞,最后甚至转起圆圈圈来了。

看着朱高煦撑起大缸偏偏晃晃、东倒西歪地撞来撞去,朱瞻基都有点想笑。等到朱高煦越转越起劲,越转越精神,甚至转出一个个大大小小的圈儿后，朱瞻基再也忍受不住。他命人抱来干柴，外加一大堆煤炭压在铜缸顶。一个小小的星火，朱高煦的一生就此结束。

周忱的改革有力度

明宣宗即位后，面对"赋税过重，江南尤甚"的局面，下令派广西布政使周干巡视苏松等地。在向宣宗递交的调查报告里，周干指出："在江苏等地，人们流离失所，向老人询问才得知是由于人们贫困所导致的。因为赋税太高，百姓苦不堪言，上交赋税之后自家一无所有，便会挨饿受苦，想逃都不知逃向何地。"明宣宗深受触动，为确保朝廷财政收入，巩固国家赋役基础，宣德四年（1429年）下诏对官田改科减征，"官用粮，一斗至四斗减两成，四斗至一石，减三成，以下往后推算不等。"七年再次下令："自宣德七年（1432年）始，将官田税赋再减。"并于宣德五年（1430年）派"才力重臣"周忱到江南督理税赋。

周忱（1381~1453年），字恂如，江西吉水县人，永乐二年（1404年）进士，任过二十年刑部郎官。户部尚书夏原吉十分赏识他，宣德五年（1430年），由大学士杨荣推荐，以工部右侍郎巡抚江南。周忱上任伊始，便"召父老问逋税故"，"深入民间与父老乡亲交谈接触，询问民间的疾苦"。他在调查研究的基础上，以苏松两府为前沿，以贯彻宣宗减轻官田科则诏谕为前奏，逐步将自己的改革愿望在江南地区实施。

周忱将粮长制的弊端克服，将田赋漕运方式改良，逐渐完善各种规章制度，即税粮征收、贮藏、运输中的各种规章制度。粮长制的改革主要包括：第一，针对田赋征收过程中粮长私造大样斗斛揞克百姓的状况，周忱"请敕工部颁铁斛下诸县准式，革粮长之大入小出者"。第二，简化粮长领、缴勘合手续。"旧例，粮长正副三人，以七月赴南京户部领勘合，既毕，复赍送部，往返资费皆科敛充之。（周）忱制止设正副各一人，循环赴领，讫事，有司类收上之，部、民大大方便了"。第三，鉴于各县收粮无屯局，粮长即家贮之，周忱设立水次仓制度，"令诸县于水次置屯，屯设粮头、屯户各一人，名辖收。至六七万石以上始立粮长一人管理，名总收。民持帖赴屯，官为监纳，粮长但奉期会而已"。第四，严格税粮运输管理，设《拨运文簿》登记支拨起运的数目，设《纲运文簿》列出运输的开销数目，以用于核查、禁止运输途中粮长自盗或挥霍行为的发生。税粮漕运方式的改革主要是用这样的运输方式代替原来农民各自运输的方式，即由民船运至淮安或瓜州交兑官军、由官军接运至通州的兑运，百姓适当地承担官军运输中的损耗：运到淮安，交兑者按每石正粮加耗米五斗于民运，到瓜州，交兑者以每石加耗五斗五升于民运。粮长制的改革使官仓能最大限度地收入百姓所纳的税粮，保证了国家税收的完整。漕运方式的改变减轻了纳税人的负担，有利于生产的恢复和发展。

济农仓的设立，使周忱建构出地方政府可以自主支配的地方基金体系。由于得到了明宣宗和英宗的信任，"委任益专"，允许其方便行事，使周忱手中的自主权加大，最大限度地施展自己的才干。宣德七年（1432年），江南丰稔，"诏令诸县以官钞平籴备振贷，苏州遂得米二十九万石"。同年，周忱在江南实施京俸就支法，即以苏、松、常三府支领代替原在南京支俸的北京军官。原先苏松百姓转输南京每石正粮所加六斗耗米除一斗用于支付船价外，其余五斗即可节余，民出甚少而官俸常足。在此基础上设立的济农仓，使地方政府在不增加对百姓赋役征敛的基础上，既能保证封建朝廷的赋税收入，又能弥补地方公务、救济、公益事业等费用及里甲支费的缺乏，使官民双方余利。济农仓的设立为田赋改革的发展铺平了道路。

加耗均征即平米的推广实施是周忱改革成功的一个重要支柱，它以宣德八年（1433年），周忱奏行《加耗折征例》为标志。户无论大小，田无论官民，"每正粮，收平米一石七斗，候起运日酌量支拨，次年余多，则令加六征收，又次年益多，则令加五为止"。但也有论田加耗，"于轻额民田，每亩加耗一斗有奇，以通融官田之亏欠"。平米法的推行，使"豪户不肯加耗"的历史与税粮负担时重时轻的局面结束了。耗米的均征，尽管在一定程度上百姓的税粮负担加重了，但是也保证了国家田赋收入，地方官员的公务性支出也绰绰有余，这样对百姓的额外勒索被大大减轻，故百姓非常情愿地予以接受。

周忱改革真正触及官田科则的措施是到正统以后的田赋折征。宣德中，周忱曾经奏准检重额官田、极贫下户税粮，准折纳征银，每两当米四石，解京充俸。这是田赋折征的前奏，规模也不大。及正统以后，伴随商品货币经济的发展，金花银征收面积日益拓展，使周忱的改革以田赋折纳的方式向减轻官田重赋的目标迈出实质性的一步。他奏准的内容是，允许苏松等府的部分税粮可以纳金花银和布匹折税，金花银一两折合应纳米四石，锦布一匹准折税米一石。令每亩税课"七斗至四斗则纳金花银、官布、轻赍折色；二斗、一斗则纳白粮糙米、重等本色"。因为只有官田每亩税额在四斗以上，虽然因赋折征往往低于市场米麦价格，但是通常，与折纳数额的减少或缴纳上供杂派的减少相联系，而且能使田赋运输之痛苦大大减轻，所以耕种官田的农民的负担大为减轻。由于田赋征收方式的改变，使官、民田税户负担逐渐达到平均并向前推进了一步，金花银逐渐成为调节平衡官民田土赋税负担的重要手段。另外，周忱还改变马草征收方法。明初马草依田粮派征，马草由江南地区运经两京，沿途过江涉海，十分艰难，劳费不赀，致使当地百姓负担沉重。周忱奏请输往北京的马草每束折钱三分征收，输南京的则就地买草，大大减轻了税户负担。

所谓改革其实是一个扬弃过程，它必须面对诸方面的压力。宣德六年（1431年），周忱奏请皇帝要求将松江府古额官家的田地，按照百姓田地起科，户部尚书胡溁以"变乱成法，沽名要誉"作为理由，请求对周忱予以惩办。正统七年（1442年）奸豪尹宗礼遇到困难，指责周忱不当多征耗米。九年户科给事中李素以"不遵成规，妄意变更，专擅征科，掊多益寡"为借口弹劾周忱，在此情况下，周忱被迫中断了平米法和济农仓制度。但是由于"两税复逋，民无所赖，咸称不便"，明政府不得不惩办攻击者并"举行前法如故"。这种情形之下，周忱不得不小心翼翼、谨慎行事，尽管如此，改革仍然步履蹒跚、阻力重重。济农仓的设立，虽然扩大了地方政府的财政自主权，但这与大一统的专制集权水火不容。平米法的推广，抑制了豪绅地主拒不纳耗的法外特权，触及了地主势力的切身利益。土木之变以后，明景帝即位，由于他对前朝重臣的猜忌，使周忱在政治上失去了靠山。景泰元年（1450年），溧阳县豪民彭守学发动攻讦，指责周忱多征耗米，"假公花销，任其所为，不可胜计"。户部奏准监察御史李鉴等人前去稽查，并追还多收耗米。五月，礼科给事中金达借此机会，上书弹劾周忱。在上下夹击和重重压力之下，周忱被迫辞官。

周忱的改革对明朝产生了深远的影响。他的改革在实践中既保证了国家赋税的正常征派，使总体的财政收入不减，同时又在一定程度上实现了百姓徭役的均平。实际上，明中叶基本上是沿着周忱的思路进行地方到中央、由局部到全国的赋役制度改革，从而也使周忱的思想更加完善化与制度化。

君子留下，小人离场

明宣宗治理国家的一个成功的经验就是：重用忠臣，惩办小人，他时常思考古代君王的偏信小人、迫害忠义之士、害国害民的经验教训，他也常和大臣们谈论小人害国的例子，让他们引以为戒，不要轻信小人谗言，要辨明是与非，按公理做事情。宣德二年（1427年），有一次宣宗召见户部尚书夏原吉，和他谈论到了古代的偏听偏信，小人害国害民的教训，并从中得出了这样一个结论：表面上他们的建议好像对国家很忠心，但是他们的用心很险恶。宣宗表示，他自己在对待小人谗言的问题上也十分重视，一旦发现有这种现象，便会坚决制止，绝对不能让坏人得到好处。

宣德初年，朝廷政治中仍然有许多有缺陷的政策。南京的法司就残缺而不健全，随便就判决，轻易就将被告人逮捕、审问。比如，奸人想要陷害好人，就妄加编造的罪名，写成告状信赶赴南京上诉，造成许多冤案，残害了无辜的忠臣良民。宣宗听到这种情况后，立即下令都察院颁布命令，对这些情况加以禁止。

当时，朝廷发生了一件诬陷忠臣的事情。结果，奸臣被惩治，忠臣受到了保护和重用。这个宦官叫裴可力，他受朝廷的派遣，到浙江负责监督处理当地政事。浙江有一个姓汤的千户，听说朝廷派下来钦差御史，来监督、检查工作，他非常害怕，因为他在这里为非作歹，干了许多违法的事情，为此，他想，只要对朝廷派来的这位大官进行贿赂，与他勾结在一起，就什么问题也没有了。于是，汤千户在裴可力到来之后，就大摆酒宴热情款待这位朝廷大员，之后又多次献殷勤，讨好朝廷大员，借各种名义，送给裴许多的金银财物。裴可力在金钱的诱惑下，和汤千户勾结起来，更加严酷地剥削百姓。当地人民对汤、裴的倒行逆施恨之入骨，纷纷上书朝廷，揭露他们的罪行，请求朝廷对他们进行惩治。

于是，朝廷派遣按察使林硕到浙江进行整顿。林硕到任之后，立即采取措施，制定了一整套的法规制度，整顿政治，清查官吏，为百姓做了一些实际有用的事情。汤千户对林硕的到来，又害怕又不甘心。因为林硕所制定的政策、制度，都危及他的利益，并限制了他的胡作非为。于是他向裴可力说林硕的坏话，裴可力因而怨恨林硕，认为林硕是为了夺自己的权位，监督、调查他来的。于是就寻找时机报复。经过反复策划，裴可力向朝廷上了一道奏折，诬陷林硕，说他到浙江后，有讥讽、诽谤朝廷的言论，并对宣宗皇帝下的诏书谕旨进行限制，不让施行，违背皇帝的旨意。朝廷得到这个奏折后，立即将林硕拘捕，押送到北京审理。刑部提审林硕，林硕很明白这是小人的陷害，便在法庭上给自己辩解。他说："我以前曾经担任过御史，视察浙江，让当地的小人不能继续为非作歹，给他们带来很多麻烦。此次，臣升为按察使，再次到达浙江，时间不长，臣采取一些措施，又触及了这些小人的利益，因此他们更加恨我，便耍弄阴谋，制造谣言，加害于我，想要把我赶走，保证他们可以继续为非作歹，剥削百姓，不受官府的限制。"

宣宗听了林硕的申诉，对他说道："我本就不会轻易相信他们卑鄙的话，一定要当场审问他们。如今你既然已经明白，是那些小人对你的陷害，我也不相信他们，而仍旧相信你，你也就不要再担心了。马上赶到浙江，继续担任你的职务，履行你的职责，为百姓主持公道，办实事，不负朕对你的期望。只要遇到民众疾苦的事情，全部奏报上来。朕以诚心对待臣下，不轻信奸人谗言。你不要有其他的顾虑了，好好地干吧！"林硕听了皇帝的一番话，流下眼泪，连连叩头拜谢皇恩，并保证回到浙江后，一定不辜负皇上对自己的信任，秉公办事，用尽全力报答朝廷和皇上。

随后，宣宗对侍从的大臣说："宵小之人裴可力制造虚假的事情，去陷害忠直的大臣，回到京城后一定要严加惩治，绝不宽恕。"果然，事隔不久，裴可力被召回京城，受到拘捕，以诬陷罪被依法判刑惩处。汤千户残害百姓也受到了惩治。宣宗对小人的惩治，对忠臣的信任、重用，在朝廷上引起了强烈的反响，弘扬了正气，压制了邪恶。

宣德六年（1431年）十二月初三日，内官袁琦，内使阮巨队、阮诰、武莽、武路、阮可、陈友、王贵、杨四保、陈海等伏诛。他们在广东等地出差办理国家事务，以采购买卖物品为理由，擅自领取别人财物，事发下狱。经过审查，这些都是袁琦一手操纵的。在抄没家产时，发现所埋藏金银数以万计，宝货、丝锦衣物等应有尽有。连所用的金玉器皿，也是从宫中获得，属于非法。这些都是上面所说的众人所做，经过三堂会审，全部处死。

宣宗知道后，深恶痛绝，立即命令将袁琦千刀万剐、凌迟处死，以解民恨。其余十名，斩首示众。为总结此类事件的教训，于第二年的正月十九日，宣宗布告天下，以儆效尤。

第二卷

纵欲时代——子孙们的败家接力赛

第一章

四集联播：皇帝—俘虏—囚犯—皇帝

这回真的无路可逃了

宣德十年（1435年）正月，宣宗病死，太子朱祁镇即位，名号英宗。

在炎热将消的七月，也先部队大举南下。明军毫无防备，也先军如入无人之境，大肆抢夺。也先军有三位主要将领，分别是脱脱不花、知院阿剌和也先。脱脱不花率领兀良哈精锐骑兵，从辽东南下；知院阿剌带领一部分也先骑兵，大举围困宣府。脱脱不花和知院阿剌等人都是为也先打侧击的，也先的真正目的是北京城。

八月，英宗亲率大军，浩浩荡荡地向北进发。由于这支军队是仓促组建的，再加上能力突出、作战勇猛的将领大多被太监王振排挤在外，而最无能的王振却被任命为最高统帅，致使这支军队没有中心凝聚力。更加糟糕的是，这支人数高达20万人（另一种说法认为有50万人）的军队由于出征前准备不足，行军过程中又缺乏明智的领导，致使供应不足，虐待士兵的情况频发。

这支大军是一群乌合之众，只会享福，不能与他人共患难。因为后勤供给不充分，大军行走了几天后，开始闹粮荒。伙食供给越来越少，有心计的兵将就开始铤而走险，干一些偷抢的勾当。王振不懂得维持纪律、稳定军心对出征在外的军队的重要性，对军队中偷鸡摸狗的勾当睁一只眼、闭一只眼，致使事态发展越来越严重。

发展到后来，很多死在出征路上的军士不是因为粮食不够而死，而是因为有一部分人仗势强力多占了他们的口粮。粮食不足加上军心大乱,使一大部分出征军士被同伴遗弃在路上。秋雨绵绵,道路满是积水,泥泞不堪。被遗弃的军士不是身体孱弱就是染上疾病,加上没有粮食充饥,等待他们的只有死亡。明军还没到达大同,已经损失十分之一二的人马,叫邝埜和王佐如何不心痛。

邝埜和王佐认为,秋雨绵绵不利于远道行军,这叫没有天时。按照路上损失的人数计算,即使到了大同,剩下的未必能够战胜也先部队。一路上军心不稳,秩序混乱,又因为缺粮闹得人心惶惶,应该及早回军。回军的提议刚出,大部分军士就纷纷高声附和。可是,王振是一根筋,无论邝埜和王佐的理由多么充分,他就是坚持不回军。大多数人附和回军的提议,唯独王振一党反对,更加凸显了他们的倒行逆施。

为压制回军的呼声,王振痛下辣手,罚地位最高的邝埜和王佐跪了一天。两位尚书被惩罚后,呼吁回军的声音就消失了,王振不屑地笑了笑。令王振意想不到的是,刚刚打压下反对派的回军呼声,在他的内部竟然有一个人跳出来高呼回军,这个人就是彭德清。彭德清懂天象之术,自出征起他每天都观察天象。经过一段时间的观察,他发现此次出征不利,如果不及时回军,明朝将会遭遇莫大的灾祸。两位尚书都被打压下去了,对付彭德清这种小角色,王振有的是办法。

明军来到大同,也先部队已经撤走了。王振和英宗都认为,也先部队撤走,只有一个原因,害怕亲征的英宗皇帝。在王振的甜言蛊惑下,英宗越发自高自大,感觉他此次出征未费一兵一卒就吓跑也先部队,功劳已经超越真宗。

大军一路北上,没有见到一个抵抗的也先士兵,王振和英宗整天笑个不停,邝埜等人却心怀深忧。他们认为,也先出军时气势汹汹,连克数城,大有不成功就不回头的气势。可是,听说英宗亲征,两军还没有正面交锋,也先部队就撤了。如果要解释这种情况,除了也先有打算诱敌深入外,不能有其他解释。

冒着被再次惩罚的危险，邝埜再次奏请英宗回军。然而，英宗被虚假的胜利冲昏了头脑，只听得进王振拍马奉承的甜言蜜语，对邝埜的提议充耳不闻。大军仍旧北上，同样没有遇到一个也先士兵的抵抗。这个时候，大同守将郭敬也看出了也先的计谋。联系明军前几仗的惨败，郭敬认为也先一定在诱敌深入。如果明军继续前进，一定会中也先的埋伏。

听了同党郭敬的分析后，王振的脑子终于开窍了，全身冷汗直冒，马上下令撤军。在该从哪条路撤军这个问题上，王振又动了一点小小的私心。王振家住蔚州，如果从紫荆关（今河北易县西北）撤退，皇帝就会经过他的家乡。英宗很宠爱王振，如果经过蔚州，一定会驾幸王振的府邸。如果皇帝驾幸，王振的家不仅蓬荜生辉，更重要的是他能在父老乡亲面前炫耀一番。

明军刚刚撤军，也先部队就紧追而来。原来，也先探子发现，明军驻扎过的营地车辙混乱、脚印错杂。也先知道后，发现明军不仅害怕蒙古骑兵，甚至知道明军内部没有善于谋略的大将。由于明军仓促南撤，组织很不规范，比出征时还没秩序，再加上粮草短缺，又担心也先的追截，一路上又损失了不少人马。明军这次撤军，可以说是有史以来最狼狈的撤军。

大军撤了40多天后，王振突然发现一个严重的问题，那就是他的庄稼的收成。掌权后的王振大肆搜刮钱财，一部分用于投资土地。在蔚州，王振利用各种手段，软硬兼施，强行买下了一大片土地。这一大片土地都种有庄稼，时间又正逢庄稼成熟。如果这支粮草紧缺的大军遇上一大片成熟了的庄稼，尽管王振的淫威很骇人，他还是不能阻止军队对庄稼的糟蹋，遭殃的一定是他的庄稼。

为了保全他的庄稼，王振又作了一个十分不利于明军的决定，改道东行，向宣府（今河北宣化）直奔。后面是也先追兵，如果改道直奔宣府就绕路了，势必被也先部队追上。大同参将郭登和内阁大学士曹鼐听了王振的命令后，十分不解，联名上书。他们写道，"自此趋紫荆关,只有四十里,大人应该从紫荆关回京,不应该再取道宣府,以免被瓦剌大军追及"(《明史》)。可惜,这个提议最终被王振否决了。

也先部队越追越近,眼见就要追上明军了。为了皇帝的安全,王振派了两拨人马拦阻也先军队。第一拨以恭顺伯吴克忠和都督吴克勤为首,他们兵微将寡,只能以死相抵;第二拨以成国公朱勇为首,朱勇有勇无谋,孤军深入,深陷瓦剌重围,三万大军全军覆没。

杀了两拨拦阻的明军,也先部队的士气十分高扬,如潮水般向明军大部队席卷而来。还是为了个人私利,王振再次作了一个十分损害明军的决定。听说也先大军追来,众人都是轻装速进,辎重在后缓缓而行。到达距离怀来城仅20余里的土木堡后,王振突然下令安营扎寨。原因很简单,王振一路上对沿途官吏大肆搜刮,敲诈了不少财物。这些财物都放在后面的辎重军车里,一共有1000余辆。如果也先部队追上这些辎重,王振就白辛苦了。

也先部队片刻就追到,众人都知道在土木堡停留不明智。可是,英宗只听王振一人的话,谁都无法改变王振的决定。为了皇帝的安全,邝埜再次奏请英宗先行驰入居庸关,接着布置精锐部队断后。王振听了邝埜这个建议后,就像没听到一样,不给回复。迫于无奈,邝埜大胆闯入英宗的行殿,奏请英宗火速先行驰入居庸关暂避。王振知道后,勃然大怒,大骂邝埜。王振的意思是,邝埜是竖儒一个,不知道用兵之事。如果邝埜再胡言乱语,当心人头落地。邝埜此次进谏,连性命都豁出去了,非要说服英宗不可。邝埜不怕死,王振就没有其他办法,只能命令军士将邝埜拖出英宗的行殿。

第二天,土木堡的明军醒来,发觉四周都是也先部队。眼望敌人一重又一重,即使是长了翅膀也飞不出去。深陷重围的英宗满目凄然,向山下扫视一圈后,目光最后凝视在王振身上就不动了。王振的胆子比英宗的还小,看着满山遍野的敌人,他连自己姓什么都忘了。

土木堡是一个小山丘,没有泉水,也没有河流流过。在它的南面

15里处有一条小河,可是被也先部队牢牢控制住,明军根本无法接近。就在这个没有水源的小山丘上,数十万明军被围困了两天。两天滴水未进,明军将士渴得嗓子都冒烟了。为了寻找水源,数十万人在小山坡上乱挖,可挖了两丈多深都没有见一滴水。

众兵将饥渴难忍,满腹怨言,骂声不绝。也先看着土木堡上的明军,就像看到热锅上的蚂蚁,笑得嘴都合不拢了。明军被困土木堡,叫天天不应,叫地地不灵,失败是必然的命运。如果王振有谋略,他可以带领数十万明军冲出重围,可惜他什么都不懂,也不会任用懂谋略的人,这是他最大的失败。因为他的失败,数十万明军就被困在土木堡上。

北京!北京!

几天以后,因为缺乏水源,土木堡上的明军就像蔫了的白菜,腰都直不起来了。看着这支蔫头耷脑的军队,也先知道成功的时机到了。也先首先派出使者,要求和谈。也先主动和谈,王振和英宗喜出望外,命曹鼐起草诏书,命代表前去也先的军营商议和谈事宜。

明军代表刚刚进入也先大营,驻守在水源附近的也先军队就撤军了。极度干渴的明军见也先军队撤离,万分高兴,不顾指挥,纷纷奔向水源。这些人的行为都是自发的,毫无秩序,远远看去不仅混乱,还很狼狈。

突然,一声炮响,水源附近竟然冒出无数手持利刃的也先军。明军只顾喝水,武器都没在手上。有组织、有纪律、有准备的也先军攻打混乱不堪、饥渴万分的明军,自然胜得容易。趁此大乱,也先军大举攻向土木堡,就如狂风卷落叶,十分凌厉。也先军队这次攻击类似突袭,明军毫无准备,伤亡十分惨重。

在也先军队的大举冲击之下,英宗和朝臣失散了。看着如山倒的兵败,英宗竟然发起小孩子脾气,他一不逃跑,二不抵抗,三不假扮小兵,而是呆呆地坐着。也先兵杀人杀红了眼,凡是见到明军,先抢值钱的东西,抢后就一刀解决对方的性命。有一个也先小卒见英宗穿得华丽,厉声索要衣服。英宗神威凛凛,不脱衣服。对方大怒,举刀就要砍下去。这时,这个小卒的哥哥见英宗气宇非凡,认为他是大人物,不能轻易杀害。

这两个也先小卒带英宗去见也先的弟弟赛刊王。赛刊王还没开口,英宗先问:"子其也先乎?其伯颜帖木儿乎?赛刊王乎?大同王乎?"(《明史纪事本末》)英宗的口气太大了,举止又不同常人,赛刊王被吓了一跳,火速飞报也先,说:"部下获一人甚异,得非大明天子乎?"(《明史纪事本末》)

也先听说后,十分震惊,急忙找明朝使臣去认。两位明朝使臣确认,赛刊王所抓住的,正是大明的皇帝英宗。英宗被俘,护卫将军樊忠万分愤怒,不管三七二十一,命亲随抓住王振,他抡起铁锤,对准王振的脑门,一下就结束了这个祸国殃民的大罪人。

费正清认为,这次征讨的失败是明代最大的一次军事惨败。这并不是说英宗被俘给明朝带来了多大的损失,而是说皇帝的缺席对明朝的影响。首先,这是一次没有必要的远征,加上考虑不周和准备不足,致使不必要的远征演变成了一场空前的灾难。"对也先来说,他对这次胜利的规模(据有些史料,土木之战是由只有2万名蒙古骑兵的先锋部队打赢的)和皇帝十分意外地被俘在思想上毫无准备。这时北京在他面前已经门户洞开,毫无防卫。如果他充分利用他的优势,那么他的收获是无法估量的。"(费正清《剑桥中国史·明史》)也就是说,土木堡一战,关系北京城,乃至整个明朝的安危。

朱祁镇被俘,100多名随行官员几乎全部力战而死,大军全军覆没。消息传到北京,百官在朝堂上号啕大哭。为大局着想,皇太后含着眼泪任命朱祁钰监国。这就是说,如果英宗有什么三长两短,朱祁钰就是下一任皇帝。

朝臣认为,北征军全军覆没和英宗被俘,罪过全在王振一人。可是,王振的党羽马顺还死力辩护。群臣怒不可遏,揪出马顺,你一拳我一脚,将马顺活活打死。为平息民愤,朱祁钰下令,诛杀王振一党,枭首悬挂街头示众。处理完内部奸臣后，明朝的首要问题是解决皇位的空缺。

俘获英宗后，也先非常高兴。他认为，只要借助英宗，他就可以实现像成吉思汗那样的功绩。"也先起先试图利用被俘的皇帝从明廷或边防戍军那里索取赎金，并且试图取得宣府或大同，从而取得控制边境的要塞。"（费正清《剑桥中国史·明史》）可是，当明朝和大同都筹措了充足的赎金后，也先还是扣留英宗，因为他认为英宗是无价之宝。

随英宗朱祁镇一起被俘的有一个叫喜宁的人，为人朝三暮四。英宗失势后，喜宁马上倒向也先一边。凭借熟悉明朝的喜宁的谋划，借助英宗这个无价的筹码，也先准备大干一场。他答应放英宗回北京，条件是英宗同他联姻。被俘的英宗很机灵，他答应联姻，条件是他回北京后举办。如此一来，英宗采取的是拖延战术。

既然同英宗谈不拢，也先就准备攻打北京。那时的北京已经陷入混乱，因为守城的军队不过10万人。谋略家兼老臣徐有贞认为，皇帝被俘，大同和宣府等边关要镇存亡未卜，北京已经危如累卵。为了明朝的未来，朱祁钰应该仿效宋朝，南迁首都。这位大星象家的预言更加扰乱了北京城的稳定，不少官员和富商纷纷举家南迁。

凭着一身铮铮铁骨，侍郎于谦坚决反对迁都。兵部尚书邝埜战死土木堡，于谦就是北京城中最高的军事指挥。于谦的这个提议，赢得了很多热血男儿的附和，例如大学士陈循、吏部尚书王直和礼部尚书韩雍和李永昌等人。为了争取更多说话有分量的人的支持，于谦等人四处活动，最终孙太后也加入他们这一派。

决定留守北京后，于谦等人认为，如果要击败也先的阴谋，只有最大限度地降低他手中的筹码——英宗的价值。如果明朝不承认英宗的皇帝身份，也先即使扣留英宗，也只是白白浪费粮食。再说，如果明朝有人主持大局，说不定也先认为英宗无用，就放他回北京。孙太后知道以国家为重，答应朱祁钰登基称帝，册封英宗的刚一岁的长子为太子。

相比而言，朱祁钰的性格比较懦弱，连孙太后都不如，朝臣却劝他登基。"他最初拒绝了，因为他认为这样会搞乱王朝的继承顺序。只是在皇太后的批准和于谦关于国家亟须领导的主张的推动下，他才最后被说服。"（费正清《剑桥中国史·明史》）

九月二十三日，朱祁钰在最简单的仪式下登基，史称景帝，为景泰元年。为粉碎也先利用英宗辖制明朝的阴谋，新皇帝立刻颁布诏书，宣告英宗为了国家利益，自愿让位；同时，任何从蒙古地区发出的，以英宗为名义的诏令都应不予理睬。如此一来，在明朝历史上，出现了两个皇帝共存的尴尬局面。"在一次危机中，国家的政治和策略的需要在继位问题方面可以压倒礼仪顺序和礼节，但这在一定程度上打乱了王朝的稳定性和成为正统世系的权利。由于原来的皇帝仍在世，这个事实又使情况更为严重了。在皇室两兄弟之间久不消失并毒化了15世纪50年代中期的朝廷的皇位危机，其根源就是这个十分必要的决定。"（费正清《剑桥中国史·明史》）也就是说，英宗和景帝的根本性矛盾，源自这个"十分必要的决定"。

新皇帝即位后，他所面对的最大困难就是解决北京的防卫问题。为了加强防卫能力，朝中有能力的官员都开始担任武将要职，例如兵部侍郎于谦被提升为尚书，可以调动任何文官。于谦从宣府调回近八万精兵守卫北京，同时动员北直隶、山东、山西、河南和辽东一带的精兵。不到一个月的时间，北京的防卫兵力迅速得到补充，达到22万人左右。

在于谦和朱祁钰的改组下，北京城的粮食、武器和兵力等都得到了及时的补充，"全城出现了高度同仇敌忾的情绪、信心和高昂的士气"（费正清《剑桥中国史·明史》）。眼见北京城越来越有生命力，也先再也不能等待了，他亲率大军袭击大同。为了迷惑守城军士，在也先的授意下，英宗被推到城门前。蒙古人告诉守城军士，除了重新扶持英宗登上皇位外，他们没有其他的目的。可是，英宗秘密告诉守城军士，不能听信。

攻打大同以失败告终。也先拨转马头，直取紫荆关。经过好几天的浴血奋战，蒙古族人终于破关，大军压境北京城。也先再次告诉守城军士，他们的目的只是扶持英宗重新登上皇位。可是，守城军士不但不领情，还杀了也先派出的使者。这个时候，喜宁告诉也先，应该假装归还英宗，让新朝廷派遣要臣前来迎接，再将明朝要臣全部扣留。新朝廷看破也先的诡计，只派两个低级官吏来迎接英宗。也先不放人，他的谎言不攻自破。

经过于谦的整改，北京城固若金汤。也先无法攻打，五天后撤军。喜宁告诉也先，应该侵占华北地区的一小片土地，打着英宗的旗号建立一个傀儡政权。事实证明，喜宁的任何提议都是不切实际的，因为经过改组的景泰朝廷有很强的战斗力。最让人哭笑不得的是，种种谋划被也先和残酷的事实否决后，喜宁竟然提议攻打南京，建立南方的明朝。

不久，也先的君主，蒙古的脱脱不花汗正式向景泰朝廷派遣纳贡使团，开始结束双方的敌对状态。景泰元年（1450年），也先派遣喜宁出使明朝。喜宁的倒戈和阴谋令明朝很痛恨，他刚刚踏上明朝的土地，就被抓捕，问成死罪。

喜宁死后，也先缺乏谋臣，便不再打北京城的主意。

一个朝廷，两个皇帝

在茫茫大漠，有一个明朝人孤孤单单地生活着。他人在大漠，一颗跳动的心却拳拳地向往北京。在大漠的这些时间，他很少与人交谈，别人不知道他在想什么，只是发现他总是怔怔地朝着北京方向出神。这个人在大漠、心在北京的人，就是明朝的前任皇帝英宗。

也先的问题解决后，英宗的未来就成了明朝最大的痛苦。想当初，景泰不当皇帝，因为英宗还没有死。但是，现在的北京已经是他辛苦改组后的北京，他对自己的杰作产生了感情。登上皇位之后，景泰已经放不下权力了。自从击败也先起，他压根儿没想过英宗会回来，可是英宗确实回来了。

在景泰朝廷与蒙古的多次互派使臣中，提到英宗朱祁镇的次数越来越少。起初,蒙古屡屡催促,建议明朝廷尽快接英宗回北京。出于保持权力的私心,也为了防备蒙古再次利用英宗偷袭北京的防卫之心,明朝廷将此事一拖再拖。到后来,礼部侍郎李实奉命出使蒙古,可是皇帝给他的书信中竟然没有一个字提及英宗。"李实发现这位从前的皇帝的生活条件很糟,并且甚至希望作为一个平民或皇陵的看护人回到明朝。"(费正清《剑桥中国史·明史》)可是,尽管英宗在给景泰的信中表达了对过往种种的深深悔恨,景泰皇帝还是没派遣使者接他回北京。

继李实之后,都御史杨善再次出使蒙古。杨善曾随英宗出征,只是他比较幸运,在土木堡一战中侥幸逃生。他对英宗的感情很深,不惜自掏腰包为英宗赎身。当然了,景泰朝廷迟迟不为英宗赎身,蒙古人觉得英宗的身价已经大降,索要也很少。

面临分别,也先突然生出很多感情,为英宗安排了一次盛大的送别活动。为保护英宗的安全,也先甚至特意安排一支精锐部队,一直将英宗送到明朝的疆域之内。兄弟相逢,本是好事。可是,在英宗和景泰这两兄弟之间,横亘着一条权力的长河。尽管英宗早已承诺放弃一切,"景帝仍吝啬而又猜疑地对待被废黜的皇帝"(费正清《剑桥中国史·明史》)。最为突出的例子是,在颁布迎接英宗的命令和制定迎接的礼仪上,明朝内部发生了无数次争吵,连英宗的回程日期都耽搁了。

面对一再拖延的回程日期,英宗第一次感到被遗弃的痛苦。相比而言,在土木堡被俘的经历都要比被遗弃好受。自从被俘的这些日子以来,虽然也先将他当成一个人质,但至少是一个有价值的人质。可是,他的兄弟,当今大明皇帝竟然将他当成一个棘手的麻烦,一个十分希望抛弃的包袱。

千等万等,英宗终于在九月十六日被接回朝。景泰皇帝亲自迎接,除了脸色不太好外,一切都算不错。由于不是皇帝了,英宗被安排在南宫的一所新建的房子里住。现在的皇宫,对英宗而言,已经大大地变了样，尽管景物依旧，可是人的感触已经大大不同，这种感触很怪，英宗从未体验过。见了几个侍婢和太监的表情和举止后，英宗终于发现，这仅仅是因为他英宗已经不再是皇帝了。

对常人而言，这种极大的失落感会催生无穷无尽的反抗之心。然而，英宗是一个曾遭遇重大变故的人，他对一切都看得很透，不再将一切牢牢抓在手心。现在的景泰，将一切都狠狠地抓在手心，既然他那么喜欢权力，英宗就成全他。回来的第四天，英宗在太庙宣布，承认景泰为皇帝。

英宗一再忍让，景泰的打压不但不收敛，反而做得越发不近人情。首先，景泰不让英宗接见瓦剌的使者。他总认为，如果英宗接见瓦剌的使者，一定会有一个推翻他的统治的密谋。其次，景泰不让英宗过生日。这个大违常情的规定，目的是想让英宗忘记自己。其实，对于一个皇帝而言，他放弃权力，就相当于忘记自己。可惜，景泰不懂。最后，景泰规定，英宗不能参加新年的庆典。景泰的种种规定，只有一个目的，将英宗排挤在皇宫之外，甚至排挤在生活的世界之外。在朝臣看来，这些规定都是不合情理的，因而景泰越来越不得人心。最为突出的是，自英宗回北京起，礼部尚书就多次公开为英宗鸣不平。

景泰是在危机之中即位的，这决定了他当皇帝只是暂时性的。英宗的长子朱见深是公认的太子，即景泰不能将皇位传给他的儿子。可是，自从坐稳皇位后，景泰日日夜夜都想皇位能沿着他的血脉传下去，从二世到三世，一直到千秋万世。景泰三年（1452年）五月二十日，景泰做了一个引发群体愤怒的错误决定，他不顾大学士们和许多高官的反对，公然册封他的儿子朱见济为太子，立朱见济的母亲为皇后。

更立太子的行为冒天下之大不韪，原本对景泰忠心耿耿的很多大臣都为英宗以及英宗的儿子朱见深鸣不平。事实证明，景泰的这次倒行逆施得不偿失。一年多后，新太子不幸夭折，新皇后也在景泰七年（1456年）去世。新太子和新皇后相继去世，很多迷信的大臣开始以此为话柄，谈论景泰当皇帝的合法性问题。

紧接着，景泰又做了一件使群臣心寒的惨事。新太子去世后，不少大臣纷纷上书，劝说景泰另立太子。他们的言外之意是，当皇帝是天命注定的，只有英宗的儿子朱见深有这个命。刚刚遭遇丧子之痛的景泰听了这话后，就像听到这些人诅咒他的儿子死绝一样，因而勃然大怒，将这些大臣都打入大牢，残酷对待，好几个体质差的竟被活活打死。

事情发展到这个地步，景泰排挤英宗父子的心已经昭然若揭。那些被景泰排挤的官员，纷纷倒向英宗。他们认为，经过共同的奋斗，英宗还是能够继续当皇帝的。就算英宗不当皇帝，英宗的孩子朱见深早晚也会当上皇帝。只要英宗父子中的一个得势，他们的前途就是光明的。在这群人当中，数石亨最有野心、最有心计。石亨府上养了一群仗势欺人、专门贪污行贿的小人。自诩"两袖清风"的于谦见石亨一党如此猖狂，接连打击了几次。可是，石亨一党的行为属于集体犯罪，如果不连窝端，无法从根本上杜绝。

为了击败景泰的宠臣于谦，石亨聚集了一群专干违法勾当的奸人。京师卫戍部队的都督张𫐄是石亨的助手，同石亨一样，也是一个贪得无厌的人。野心勃勃的徐有贞不甘居于于谦之后，痛恨景泰对他的冷落，整天都祈求朝廷发生大变动，好趁机攀升。都御史杨善怀有同徐有贞一样的心情，因为景泰没有嘉奖他接英宗回京的功劳；一想到接英宗回京的一切花销，杨善就后悔得要命。在这群人当中，还有一个把王振奉为楷模的宦官将军，名叫曹吉祥。曹吉祥没有其他志向，只想继承大罪人王振的事业，并力求将它发扬光大。

关于这个畸形的联盟，费正清的论述非常独到："密谋者的动机不是崇高的理想，也不是对皇帝行为的道德上的不安。"（费正清《剑桥中国史·明史》）这些人之所以叛变，完完全全是受到利益的引诱；他们结合在一起，也完完全全是受到利益的连接。因此，这是一个唯利是图的、腐败的小集团。

他们时刻准备着，终于在景泰八年（1457年）等来了千载难逢的机会。景泰染上重病，不仅不能上朝，甚至连新年庆典都无法参加。

尽管景泰病重的消息被严密封锁，无孔不入的石亨还是知道了。趁皇帝病重的大好时机，石亨、张軏、曹吉祥、徐有贞和杨善等人集结大约400名禁卫军，急急忙忙地冲入英宗居住的南宫。他们推推攘攘，英宗还没明白过来发生了什么事，就已经被拥上帝辇了。

英宗被抬入皇宫后，石亨等人立即召集朝中大臣，宣布英宗复位。等到朝臣明白发生了什么事后，英宗已经安安稳稳地坐在龙椅上了。石亨等人发动这次政变，在进入南宫门时，他们不是从门而入，而是破墙为门，硬闯而入，史称"夺门之变"。

"这次'夺门'行动将成为明代历史上的一次典型的政变，将被认为是另一次严重违背礼仪的事件。"（费正清《剑桥中国史·明史》）与土木之变相比，夺门之变的特点更加突出。"'夺门'行动远比1449年景帝的登基更为严重地违背礼仪。那次登基取决于土木灾难后危急的军事危机，而1457年统治者的变动是一次纯粹的政变。立景帝为帝，使处于混乱和极度危险的国家趋于稳定，而1457年的政变则是一次引起大量牟取私利和追求官职的政治机会主义的行动。数千文武官员从提升中获益，其中的主要人物将在下一代皇帝时期形成统治小集团。"（费正清《剑桥中国史·明史》）这就是说，夺门之变的本质，是一场利益争夺。

第二章

成化，一个哭笑不得的时代

我爱你，就像老鼠爱大米

天顺八年（1464年）正月，明英宗朱祁镇病死，太子朱见深即位，是为明宪宗。随着朱见深的即位，中国历史上一场最离奇的恋爱也正式走上了舞台。

朱见深的童年生活，用"水深火热"来形容，真是一点儿都不为过。他出生于正统十二年（1447年），一生下来，就理所应当地过着锦衣玉食的富贵生活。如果没有那件事情的发生，朱见深应该是一个很幸福的孩子。

正统十四年（1449年），发生了土木堡之变。朱见深的幸福生活正式宣告结束。父亲朱祁镇带兵亲征，沦为瓦剌军的俘虏。国不可一日无君，经朝廷商议，由朱祁镇的弟弟朱祁钰顶替他哥哥的位置，待到朱祁镇还朝，再将皇位归还。为了遏制朱祁钰的野心，老谋深算的孙太后还联合群臣，力荐年仅2岁的朱见深为皇太子，以此作为支持朱祁钰登基的交换条件。

朱见深做了皇太子，但他的地位并不稳固，而且充满了凶险。朱祁钰的眼睛时时刻刻在盯着他，恨不得将他斩草除根。为了保护年幼的小孙子，孙太后将一个叫万贞儿的宫女派到了朱见深身边。这个万贞儿，聪明乖巧，惹人喜欢，从小跟随孙太后，颇通书画文墨，是孙太后的心腹。

让万贞儿承担照顾和保护这位小皇子的职责，孙太后终于放心了。但是，孙太后当时恐怕万万没有想到，就是这个并不起眼的宫女，有朝一日将成为历史上赫赫有名的万贵妃，把大明宫廷搅得天翻地覆。而此时，一切才刚刚开始。

那一年，万贞儿19岁，朱见深2岁。

年幼的朱见深自然不知道外面的世界已经天翻地覆，他只知道每日在宫廷里游荡玩耍。由于他地位特殊，大家都知道他被废是迟早的事情，没有谁愿意去接近他。可怜的他，亲生父母被囚禁在南宫；疼爱他的皇太后奶奶也是顾了这头顾不了那头，宫里宫外处处是景泰帝的眼线，朱见深十分孤独。这时，只有一个人，无微不至地照顾朱见深，寸步不离地守护在他的身边，给他照顾和安慰。这个人，就是孩子心中最敬爱的万姑姑。

　　孙太后的直觉是相当精准的。朱祁钰即位不久，就开始谋划永坐皇位。景泰三年（1452年），他联合一部分大臣，一举废除了朱见深的太子地位，改封为沂王，又立了自己的儿子朱见济为太子。此时，朱见深5岁。

　　从此，朱见深流落皇宫之外。父亲被囚禁在南宫，母亲周贵妃也无法出宫来看他，他的身边遍布着朱祁钰的手下。朱见深就这样过着今日不知明日事的生活，随时可能突然死去。这样的生活，持续了整整五年。

　　这五年里，朱见深的身边，始终只有万贞儿一个人，不仅是他的保姆，更是他的母亲、老师、朋友，是他能够活下去的勇气。天顺元年（1457年）正月，朱见深悲苦的日子终于结束。朱祁镇重新夺得皇位，朱见深可以回到宫中，太子的身份得以恢复。

　　就这样，在万贞儿的陪伴下，10岁的朱见深回到紫禁城。这一次，自己的父亲是当今的皇帝，他可是名正言顺的皇储了。于是，许许多多溜须拍马的官僚开始围绕在朱见深的身边讨好他，身边也多出了许多各种各样新选进的宫女。但是，五年的废太子生涯，已经使他和万贞儿一时一刻也分不开了。任凭谁，也无法取代万贞儿在他心中的分量。随着朱见深的长大，情窦初开，他和万贞儿的关系也渐渐改变了性质，虽然这个时候万贞儿已经30出头。

　　天顺七年（1463年），朱见深15岁，到了成婚的年龄。明英宗开始在全国范围内为太子选择太子妃。按照礼制规定，这次将为朱见深选择一位正妻，两位妃子。经过层层筛选，最后留下三人，分别为：顺天吴氏、上元王氏以及一位柏氏。就在明英宗为选择谁做正妻而犹豫的时候，他病倒了，半个月后撒手人寰，16岁的朱见深成为了大明帝国新一任的皇帝。他册封自己的嫡母钱氏为慈懿皇太后，生母周贵妃为皇太后。在这两位太后的策划下，天顺八年（1464年）七月二十一，紫禁城举行了隆重的大婚典礼，和朱见深同年的吴氏成为宪宗朝的第一任皇后。

吴氏成为皇后,虽然得到的宠幸远远不及万贞儿,但仍是让万贞儿妒火中烧。她时常在小皇帝面前耀武扬威,根本不把皇后放在眼里,甚至还有意无意地激怒她。"先是,宪宗居东宫,万贵妃已擅宠。后既立,摘其过,杖之。"(《明史》)也就是说,当时万氏专宠,吴皇后凭借着自己的皇后地位,指责万氏的过错,并亲手杖打了她。万氏哭哭啼啼地跑到朱见深面前倾诉,并趁机讲了许多吴皇后的坏话。宪宗朱见深听了,勃然大怒。一气之下将吴皇后打入了冷宫,还下令也对吴皇后处以杖刑,为万氏出气。

八月,明宪宗朱见深下诏:"先帝为朕简求贤淑,已定王氏,育于别宫待期。太监牛玉辄以选退吴氏于太后前复选。册立礼成之后,朕见举动轻佻,礼度率略,德不称位,因察其实,始知非预立者。用是不得已,请命太后,废吴氏别宫。"意思是,当初明英宗中意的太子妃人选其实是王氏,由于吴氏的父亲吴俊打通了太监吴熹的关节,送了大笔银两,在两宫太后复选之时,假造英宗遗言,使得吴氏成为皇后。可怜的吴氏,才做了一个月的皇后就被废掉,16岁的她只能在冷宫里度过自己漫长的人生了。

吴皇后被废后,王氏成为皇后。王皇后知道万贞儿的厉害,一直对她忍气吞声。其实,在朱见深心里,只恋着万氏一人,他何尝不想册立万贞儿为皇后?但是,万氏年龄比他大17岁,又是微贱的宫女之身,想坐上皇后宝座,实在是万万不可能的。迫于礼制,也迫于两位太后的压力,宪宗也只得给她一个小小的妃嫔名号。

成化二年(1466年),万妃生下了皇长子,大喜过望的朱见深立即趁势将万氏加封为贵妃,又派出使者祭祀山川诸神。谁知天不从人愿,这位小皇子不及满月就夭折了,更令万贵妃伤心的是,从此之后,她再也没有怀上过孩子。

"母以子贵"的梦想破灭了。但是,万氏并未放弃夺取皇后之位的野心,而朱见深对他的宠爱也并未因此而减少丝毫。万贵妃不但宠冠六宫，而且将势力扩展到了朝堂，内连宦官，外结权臣，一时间威行朝野，连朱见深也无法制掣她，他还将万贵妃的弟弟万通封为锦衣卫指挥使；其兄万喜封为指挥使；其弟万达封为指挥佥事。万贵妃还指使太监梁芳、郑忠、汪直、钱能等，以宫廷采办为名，大肆搜刮百姓财产，动用内帑无数。而对此，宪宗却没有提出过任何异议。

但是，失去孩子之后的万贵妃虽然万千宠爱集一身，心肠却更加狠毒。每当得知宫中其他嫔妃诞下龙子，就恨得牙痒痒。她买通太监，每当他知道哪个妃嫔已有身孕，就马上送去打胎药，逼迫她们喝下去。迫于万贵妃在宫中的权势，妃嫔们只好含泪相从，导致"掖廷御幸有身，饮药伤坠者无数"。

几年过去了，朱见深一直没有子嗣。朝野内外，一片忧心。大臣们屡屡奏请，希望皇帝广施恩泽。虽然明宪宗也愁眉不展，但仍是很少出入万贵妃之外其他宫人的住所。直到成化五年（1469年），柏贤妃生下皇子，宪宗大事庆贺，将其立为皇太子。但不到一年，这个孩子也不明不白地夭折了。朱见深痛苦极了。宫人太监们觉得太子病得奇怪，偷偷查访，得知果然是万贵妃派人毒死了太子，却没有一个人敢去告发。在明宪宗的眼里，万贵妃永远是那个世界上唯一可以相信、可以依靠的善良的女人。

有一天，太监张敏正在给朱见深梳理头发。百无聊赖中，朱见深又想起了自己已经死去的儿子。他对镜自照，看到自己头上的数根白发，不由得长声叹息："老将至而无子！"张敏听到了皇帝的自言自语，酝酿斟酌良久，终于鼓起勇气，伏倒在地，连连磕头，用颤颤巍巍的语调，告诉了皇帝一个惊人的消息："死罪，万岁已有子也。"

纪姑娘的肚子

自己有一个儿子，而且已经6岁了，却从来不知道，从来没见过。张敏的回答让明宪宗大吃了一惊。激动之余，也不待细问这个儿子是从哪儿冒出来的，便急急忙忙地传旨摆驾至西内，派张敏去领皇子来与自己见面。

这个皇子究竟是谁呢？他又是怎样逃脱了万贵妃的魔爪，在6岁时终于得以与父亲相认的？

一切还得从成化元年（1465年）说起。

这一年，西南作乱，朝廷任都察院都御史韩雍为远征军指挥官前去征讨，不久便将其全部歼灭。这次平定叛乱，俘获了很多当地的土著居民。他在这些俘虏中挑选了一些年轻男女，带回京城，准备送进王府或是宫廷。

在这批人里，有一位年轻女子。她姓纪，名字不详，是当地贺县一名土官之女，长得漂亮，人也聪明，于是便被送进了宫，充入掖庭。宫中见她性情贤淑，又通晓文墨，不久便升她为女史，继而被王皇后看中，命她管理内藏。所谓内藏，其实就是内府的钱库。在明代，国库里的钱，是由户部管理的，内藏库里的钱，则是皇帝的私人财产，由皇帝亲自掌管。

一天，朱见深闲来无事，来到了内藏，想问问内藏现在还有多少金银钱钞。当时，正是纪姑娘值班。皇帝见她口齿伶俐，对答如流，十分喜欢，又见她生得美貌如花，明艳动人，当即在纪氏住处召幸了她。

虽然得到了皇帝的宠幸，但纪姑娘的日子并没有好过起来。皇帝只是一时兴起，离开内藏后，明宪宗马上便把纪姑娘抛在脑后，一颗心又回到了万贵妃身上。纪姑娘就这样等待着，但她没有等到皇帝的到来，却等来了自己怀孕的征兆。

纪姑娘马上意识到了自己的危险，连后宫诸多嫔妃都保护不了自己的孩子，何况以自己的人微言轻，又怎是万贵妃的对手？

果然没过多久，事情便传到了万贵妃的耳中。万贵妃恼怒异常，派了一名宫婢前去内藏，打听实情。那宫婢发现纪氏是真的怀孕了。她也知道，这事如果告诉万贵妃，纪氏和孩子通通都没命了。她动了恻隐之心，实在不忍皇帝的子嗣再遭杀害，于是，回去禀报万贵妃，说纪氏只是肚子里长了个瘤块。

几个月过去了，纪氏生下了一个男孩。对这样的喜事，纪氏却痛苦万分。她知道，儿子一定无法逃脱被万贵妃害死的命运，没过多久，万贵妃就得知了这一消息，她命太监张敏将孩子溺死。

张敏看到小皇子甚是可爱，把他弄死，实在是于心不忍。又想到皇上年纪越来越大了，天天盼望的就是能有皇位的继承人。而他的几个儿子不是莫名其妙地胎死腹中，就是急病夭亡，至今连一个子嗣都没有。如果这个孩子再死了，那社稷怎么办？

张敏越想越是不忍，终于，冒着杀头的危险，把皇子偷偷地藏在了密室，还和宫中的其他太监商议，从他们少得可怜的收入中挤出一些钱，每天就拿些蜜糖、粉饵之类的食物喂养他。由于张敏行事小心，小皇子一次又一次地躲过了万贵妃的耳目。这个孩子也就一天天长大了。

这个孩子得到了宫中太监群体的一致喜爱。在这冰冷的宫墙内，孩子的存在给他们带来了无尽的欢乐。但是，张敏毕竟是一个普通的太监，而与他相熟的那些知情的太监宫女们，也都生活在这个宫殿的最底层，除了每月自己的花销，根本没有什么剩余财产。即便养这个孩子并不需要花费太多费用，只要有口饭吃也就够了，就这样，这些太监宫女们，仍是供应不起。而作为孩子的生母，纪氏虽然曾经掌管宫廷内藏，但就收入来说，和这些宫女太监其实并不相上下。

就在大家一筹莫展之时，事情突然有了转机——废皇后吴氏知道这件事了。她十分真诚地愿意把皇子接到自己居住的西内，加以照料。虽然吴氏已是废后，但毕竟曾经风光一时，有些家底。于是，他们欣然将孩子交给了吴皇后。从此，孩子开始了与吴皇后共同生活的日子，"时吴后废居西内，近安乐堂，密知其事，往来哺养，帝不知也"。直到这一天，张敏终于找到机会，将孩子的事情对朱见深和盘托出。

皇帝在西内焦急地等待着儿子的到来，而此时接到消息的纪氏却已是泪流满面，她将孩子拉到自己面前，对他说："儿去，吾不得生。儿见黄袍有须者，即儿父也。"你今天去了，做母亲的我也就活不成了。

你看到穿着黄袍、留着长胡须的人,就过去吧,他就是你的父亲。说完,给孩子穿上一件小红袍,将他抱上小轿,由张敏等护送着,向西内而去。

朱见深忽然看见宫门前一顶小轿停下,一个穿着小红袍,连胎发都没剃过,长发几乎已经垂到地上的孩子扑到自己怀里。他激动极了,马上将他抱起,放到自己腿上,凝视了半天,发现孩子和自己长得很像,不禁喜极而泣,遂向群臣传递喜讯,并讲述原委。大臣们听了,也是欢喜不已,第二天一早齐来向宪宗道贺。朱见深命内阁起草诏书,颁行天下,又命礼部召开会议,替皇子定名叫祐樘。这个孩子长到6岁,终于有了自己的名字。

随后,大学士商辂率众群臣上疏:皇子为国本之所在,教养之事仍以其生母纪氏主持为好。朱见深欣然准奏,纪氏被明宪宗封为淑妃,移居永寿宫,之后又临幸了数次。但是,正如同她对自己命运的判断,朱祐樘进宫一个月后,纪妃在后宫住所忽然死亡,死因不详。有人说她是被万贵妃毒害致死,有人说她是上吊自杀,至今仍无定论。直到朱祐樘即位后,淑妃才被追谥为孝穆慈慧恭恪庄僖崇天承圣纯皇后,迁葬茂陵,别祀奉慈殿。

听到纪妃去世的消息,宦官张敏明白,自己的死期也已经到了。不等万贵妃下手,自己就在后宫中吞金自尽了。张敏,在宫中只是一个普通的门监,也就是门卫,他用自己的死亡换得了朱祐樘的生存。如果他知道,这个孩子在即位之后,恭敬勤勉,为百姓宵衣旰食,终于作为中国历史上著名的有道明君而永垂史册的话,相信张敏一定会含笑九泉的。

纪氏死了,张敏也死了,但是,他们的死并未给大明皇宫带来哀伤的气氛,举国上下沉浸在皇帝得子的喜悦之中。

李孜省修道成仙糊弄上司

皇宫,内廷。

一个身着道袍、手持拂尘的中年男子正在为成化皇帝朱见深表演扶鸾大法。据皇帝的亲信梁芳所说，这个人不仅上通神灵、下知世事，而且知晓炼制长生不老丹药之术，是上天派来为朱见深延年益寿、消灾解祸的大法师。

这个人名叫李孜省。

李孜省是江西南昌人，他曾经作为布政司吏待选京职，后来因为贪污藏匿之罪而被免职。正无所事事一筹莫展之际，李孜省结识了梁芳。此时的梁芳在大明宫廷中正是炙手可热，他看到李孜省，可能是发现这个人是个可培养的人才，于是将他一举提拔为传奉官。而这位传奉官最主要的职责，就是为成化帝炼制长生不老丹药，同时也开发一些春药等附属物品。

如果说春药制作还算是一项古老而又传统的技能，有一定的理论依据，那么研究长生不老丹药就只能说是荒谬绝伦了。曾经有过多少皇帝因为服食丹药中了过多的铅、汞、金、银等化学物质而一命呜呼。但是，这些抵挡不住修仙成道的决心。李孜省凭借着自己的一张伶牙俐齿，将自己的本事吹嘘得天花乱坠，各种奇怪的丹药不停地往明宪宗嘴里送，终于一步步地成了明宪宗身边的宠臣。

不仅如此，李孜省还懂得一项特殊的技能，就是五雷法。

五雷法是道教方术中的一种。具体操作方法是用自己精血做引，借天庭的天、神、龙、水、社五位雷部正神之令，得到雷公墨篆，引九天之上的雷公五子下凡。使用五雷法，不仅可以求来雷雨，还能祛除疾病、立功救人。据史料所载，在五雷法的操作历史上，只有宋代的林灵素对此略有造诣，曾经召呼风雷，立台求雨，但只是有一点小小的应验而已。而李孜省却号称得到了五雷法的真传，在朝廷中兴风作浪。

不管是炼制仙丹，还是制作春药，或是掩饰五雷法，这些统统都不是李孜省的最终目的。李孜省毕竟是曾经做过京官待选的。因此，地位稍一稳固，他便暴露出了自己的真实所求，那就是插手朝政。

"成化十五年（1479年）特旨授太常丞。御史杨守随、给事中李俊等劾孜省赃吏，不宜典祭祀，乃改上林苑监丞。日宠幸，赐金冠、法剑及印章二，许密封奏请。益献淫邪方术，与芳等表里为奸，渐干预政事。十七年（1481年），擢右通政，寄俸本司，仍掌监事。同官王昶轻之，不加礼。孜省潜昶，左迁太仆少卿。故事，寄俸官不得预郊坛分献，帝特以命孜省。廷臣惩昶事，无敢执奏者。"（《明史》）

只用了两三年时间，李孜省就凭借着炼丹药、进献淫邪方术的谄媚功夫，顺手向皇帝索要权力。由于李孜省的荒唐行为早已被朝臣所知，所以他们坚决反对，但这些仍未挡住李孜省升迁的步伐。虽然有种种礼制规定，但李孜省仍是凭借着成化皇帝的宠爱，一步步地达到了目的。

虽说朝中的大臣都知道李孜省的真面目，大多不愿与他交往，但总有一些趋炎附势之徒为了能够走捷径升官来巴结李孜省。内阁大学士彭华和刘吉就都是李孜省的忠实走狗。他们串通一气，以权谋私，买官卖官，致使成化朝本就乌烟瘴气的局面更加黑暗。

成化二十一年（1485年）正月，天象有异，于是成化皇帝向群臣请求进一些直言，免遭上天惩戒，"九卿大臣、给事御史皆极论传奉官之弊，首及孜省、常恩等"。成化皇帝于是贬了李孜省的上林监丞职位，并下令吏部，查录官员名单，发现有"冗滥者名凡五百余人"，裁撤了一部分之后，只留下六十七人，朝廷内外，都十分高兴。

也正是因为这件事，让李孜省对廷臣更加愤恨。他制造事端，驱逐了主事张吉和员外郎彭纲，更加利用自己旁门左道的功夫，左右皇帝的意图。由于朱见深从小受了很多苦，内心深处非常空虚，除了万贵妃，唯一的精神寄托就是崇信宗教，而且信仰极其广泛，佛也信，道也信，民间巫术也信。为了犒劳这些助他修行的人们，就大肆地给官做，不管是道士、和尚还是巫师，都可以通过这个途径封官加爵。李孜省便是死死抓住成化皇帝的这个软肋，不到一年，便重新得宠。

同年十月，李孜省再次官复左通政，开始歇斯底里地作威作福起来。他一想到那些朝臣整天和自己过不去，便下定决心狠狠地整治他们。他先是进谗言，捏造罪名罢黜了和他不和的吏部尚书尹旻及其儿子侍讲尹龙，然后趁势在皇帝面前表演扶鸾大法，一阵哼哼唧唧地折腾之后，告诉皇帝说，江西人赤心报国，让皇帝多在江西选拔官吏。于是，李孜省已经致仕的党羽副都御史刘敷、礼部郎中黄景、南京兵部侍郎尹直、工部尚书李裕、礼部侍郎谢一夔，都因此而重新得官。

从此，李孜省一发而不可收。在为皇帝采办货物的同时，他趁机引进自己的亲信，"间采时望，若学士杨守陈、倪岳，少詹事刘健，都御史余子俊，李敏诸名臣，悉密封推荐"。直至发展到官吏的升迁，大多只是李孜省一句话的事。而执政大臣万安、刘吉、彭华紧随其后。他所排挤的江西巡抚闵珪、洗马罗璟、兵部尚书马文升、顺天府丞杨守随，通通被遣，朝野为之侧目。

按说大明朝廷的局势发展到现在的状况，李孜省应该已经满意了。但是，他似乎觉得这些还远远不够。他开始把自己的触角伸到了特务行业。

明代的特务系统是中国封建社会所有朝代中最为发达的。他们专门负责为皇帝监督臣子的一言一行。负责这项工作的，主要是东厂和西厂。而李孜省一插手，直接向皇帝提供秘密情报，将东厂、西厂直接架空，这让他们都感到十分不满。李孜省决定先下手为强，马上联络了尚铭，先将西厂头目汪直一举打垮，然后又联合言官，铲除了和他精诚合作的尚铭。

此后，梁芳继续肆无忌惮地贪污纳贿，李孜省继续为所欲为地安插亲信。成化皇帝继续炼丹制药，宠幸贵妃。大明朝廷虽然已变得黑暗不堪，但依然风平浪静，相安无事。终于到了那一天，成化二十三年（1487年），明宪宗朱见深驾崩。

明宪宗的死宣告了他们这些所谓的神仙道士的好日子正式完结。朱祐樘即位第六天，就将李孜省赶出皇宫："宪宗崩，孝宗嗣位，始用科道言，尽汰传奉官，谪孜省、常恩、玉芝、玒、中、经戍边卫。又以中官蒋琮言，逮孜省、常恩、玉芝等下诏狱，坐交结近侍律斩，妻子流二千里。诏免死,仍戍边。孜省不胜榜掠,瘐死。"

李孜省倒台了。但是,距辉煌盛世的重新到来,朱祐樘还有很艰难的路要走。

第三章

弘治:活着就是做有意义的事

因为懂得,所以慈悲

成化二十三年(1487年)九月初六,18岁的朱祐樘正式登基,次年改年号为弘治,是为孝宗。从众人拼死的保护才未遭毒手的婴儿,到在一群太监宫女中躲躲藏藏才勉强长大的幼童,到6岁才见自己父亲第一面的少年,再到险些被万贵妃害死又几乎被废的太子,虽然朱祐樘此时只有18岁,却已经历尽了人生的千难万险。他不会忘了为保护自己而献出生命的母亲、太监张敏和怀恩,以及所有那些为了让他能够活到现在付出代价的人们。他望着跪在脚下的群臣,无数的爱与恨、记忆与梦想、感恩与思念让年轻的朱祐樘热泪盈眶。他发誓要让这个千疮百孔的国家重新恢复以往的荣耀与辉煌。

明宪宗朱见深为自己的儿子留下的,是一个极为复杂的烂摊子:盘根错节的奸党,上蹿下跳的传奉官,毫无效率的内阁,复杂尖锐的社会矛盾。一大堆的麻烦摆在朱祐樘的面前,折腾之大,困难之多,简直无法想象。但是,面对这些,朱祐樘并没有丝毫恐惧。

也许是多灾多难的童年生活增加了他坚忍不拔的品性和抗击磨难的意志,朱祐樘与同龄人相比,显然老成很多。他丧母之时只有6岁,却"哀慕如成人"。他亲眼见到了自己的父亲因为独宠万贵妃而闭目塞听，一切唯万贵妃之命是从，亲眼见到了自己的父亲为这样一场爱情而付出的惨重代价，造成了成化朝23年的混乱。于是，在自己的感情生活中，朱祐樘绝少"千金之子，性习骄佚，万乘之尊，求适意快志，恶闻己过"的习气。他在成化二十三年（1487年）三月结婚，新娘是当时国子监监生张峦的女儿。张氏温柔贤惠，知书达理。就在他们成婚当天，按照惯例，二人一同前去朝见了万贵妃。

当时已是重病缠身的万贵妃虚情假意地接待了他们。此时的万贵妃恐怕没有想到，眼前的这个女人，朱祐樘的新婚妻子张氏，将成为中国历史上最幸福的皇后。而这一切，正是她拼命一生、算计一生甚至为此丧尽天良也没有得到的。所不同的是，张皇后与朱祐樘相敬如宾，二人每天同起同卧，谈古论今，朝夕与共，一生只有一个独生儿子，就是后来的明武宗朱厚照。

即位第六天，朱祐樘就准备动手了。他早已看出，在大明王朝的政坛上上蹿下跳的都是些什么样的垃圾人物。

第一个被解决的就是"修道成仙"、到处瞎糊弄的李孜省。虽然他仍然想继续装神弄鬼地在后宫中瞎混下去，但这位弘治皇帝丝毫不给他机会，当机立断，让他立即走人。大概是多年苦心操劳从事丹药研制工作把身体累垮了，还没等到司法审判的那一天，李孜省就已经熬不住了，很快死在了狱中。而他手下的喽啰们，也一个都没被放过，通通被赶出皇宫。朱祐樘还耐心地将宫内的外籍和尚、道士们一个一个地遣送回国。他再也不愿看到这帮装神弄鬼、乌烟瘴气的跳梁小丑了。

李孜省解决了。朱祐樘开始着手处理他最为愤恨的一帮人——传奉官。这些传奉官们，个个是劣迹斑斑，民愤极大。而且这些人混进官场，都没有经过正当的程序，都是靠逢迎巴结和行贿送礼得到官位的，因此根基都不深厚，既是最该收拾的，也是最容易收拾的，更是朱祐樘最想收拾的。

要解决传奉官，首先要扳倒的就是他们的头目梁芳。朱祐樘没有让梁芳等待多久，成化二十三年（1487年）九月即位，十月他就正式拿梁芳开刀了。逮捕梁芳后，树倒猢狲散，2000多名所谓的"传奉官"被一举罢免。

眼看着一场轰轰烈烈的整治运动展开，这下色鬼和尚继晓慌了。他见势不妙，拔腿就跑，一直跑回了自己的老家江夏，还安安稳稳地过了一年的太平日子。可能是看到没有人再来抓捕他，继晓渐渐地放松了警惕，以为风头过了，于是，本性难移的他又操起了自己的老行当——招摇撞骗。

为了显示自己曾经在京城有多威风，他拿了一块黄绸布把自己右手包起来，逢人便吹嘘，说这只手可是当年先帝曾经握过的。但是，他没有想到，此时的北京城里，弹劾他的奏折几乎已经铺满地了。弘治元年（1488年）六月，在吏科给事中林廷玉的执着要求下，朱祐樘下令将继晓捉拿归案由刑部会审，处继晓以死刑，家属全部充军。由于继晓一年前是逃出京城的，刑部、大理寺等部的相关官员也均被牵连，因渎职罪而遭到惩处。

在明孝宗大规模的整顿运动中，最为紧张的人就是万喜了。作为万贵妃的弟弟，他仗势欺人，气焰嚣张，罪恶滔天，他心里明白，自己死一万次都死有余辜。况且，自己的姐姐万贵妃曾经害死朱祐樘的母亲纪氏，这份仇恨之深，可以想象。于是，万喜将自己的后事交代好，整理了东西，每天就蹲在监狱里，等待着自己的死讯。

但是，出乎万喜意料的是，这一天迟迟没有到来，而且过了一段时间万喜竟然被释放了。

万喜不知道，自从自己被免官抄家入狱之后，众大臣曾接连上书，要求明孝宗将他满门抄斩，以报当年杀母之仇。但是，朱祐樘扣留了所有的奏折，他希望，一切到此结束。

一阵如暴风骤雨般的大清洗，已经罢遭了禅师、真人等240余人，佛子、国师等780人，革除了传奉官2000余人。而伴随着这场整顿，所有成化朝时代诸如修楼盖庙、作法拜佛之类的荒唐事，都被叫停；

已经在建设之中的工程，全部撤除；所强占的民田，均发还农民，而种种有恶行的采办官们，也都被撤职。朱祐樘明白，此时，朝廷内外，所有的牛鬼蛇神都已经再也没有发言权了。万喜即使活着，也永远不会再有卷土重来的余地。他决定，放过万喜的性命，虽然有着刻骨的仇恨。

这就是朱祐樘的胸襟，他宽恕了那些伤害过他的人。而这种宽恕，不同于父亲朱见深的软弱，而是一种慈悲的胸怀。

祖宗之法也得变

弘治十三年（1500年）二月，明孝宗听从给事中杨廉的建议，更定刑部条例，首开以例代律的先例。

明朝建立后，明太祖朱元璋以《唐律》为基础，斟酌损益，一部明朝各代都要遵循的《大明律》便制定了出来。由于朱元璋规定《大明律》不能更改，所以随着时间的推移，以后的各朝或律外起例，或因律起例，或者因例生例，从而使断狱的条例越来越多。条例多了，官吏不仅难以掌握，而且难以操作，这就使得在断狱过程中，处理不公现象很多，许多奸官甚至以此谋权夺利，为自己判案提供有利的依据。

时至明朝中期，由法律而产生的弊端日渐突出，以至于到了非改革不可的地步。事实上，明孝宗对这一点也看得非常清楚，所以他常常针对"情重律轻"或"情轻律重"的现实，实施变通的办法，尽力使情法适中。不过，这并不是长久之计，比较完善的是从制度上确定律例并行，以例辅律，以例补律。

弘治四年（1491年）二月，刑科给事中韩佑上疏孝宗皇帝，请求将成化元年（1465年）以后现行断案事例斟酌轻重，选取其中好的条例，分为六目，与《大明律》并行于世，以便天下百姓共同遵循。弘治五年（1492年）七月，南京户科给事中杨廉以灾异上疏言六事，疏中也说："这些年来，条例过多，导致判官对条例不知或不明白，或任意作出判决，虽然条例是相同的，但处罚却有很大出入。"故此他建议孝宗皇帝命令"三法司与衙门共同商讨，将旧例的律条取其十分之一，并与《大明律》一同实行"。他的建议被明孝宗采纳,他命刑部尚书彭韶删定了《问刑条例》。

可是,官吏在断案过程中的酷暴之举并没有因孝宗皇帝的努力而终止。弘治六年(1493年),太常寺少卿李东阳在给孝宗的奏疏中说:"在衙门里,往往很轻的罪,也会置人于死地,即使事情暴露了,他们也会用法律之名来抵过。他们杀了数十人,甚至上百人,尸体遍地都是,让人很是伤心。"弘治十三年(1500年),杨廉再次上疏孝宗皇帝说,"从洪武年间到现在一百三十年来,《大明律》已经实施很久,其中条例也渐渐增多。近令法司详议,汰其烦琐",鉴于"只有懂法的人才可以议论法律,清楚的人可以拟写律条",他又建议孝宗"将明白事理之人来打理律事,以简便为主,去除一些冗杂的东西,补充法律的不足,让官员们能够有法可依"。明孝宗再次接受了他的建议,令刑部尚书白昂会同部院大臣共同商讨后,选择了历年问刑条例中经久可行的二百七十九条条例,并向孝宗皇上说明。孝宗表示同意,下诏令与律并行。从而确立了以例辅律、律例并行的制度。

《问刑条例》经过删改修订,不仅避免了问刑之官不熟知条例、罪同罚异的现象,而且使情法适中,避免重蹈历代"情轻律重"或"情重律轻"的覆辙。

第四章

正德朝的光荣败家史

我的爱好是娱乐

弘治十八年(1505年)五月初七日,为国为民操劳一生的明孝宗走到了生命的尽头。在死前,他望着跪在脚边、满面泪痕的三位大臣刘健、谢迁和李东阳,用尽自己毕生最后一点力气,嘱咐道,"东宫年幼,好逸乐,先生辈善辅之",说完便溘然辞世,时年36岁。

明孝宗因在短暂的一生中建立了辉煌功绩而流芳千古。在他的带领下,明朝已经进入了最鼎盛的时期,国库充盈,百姓安康。但是,临死之时,仍有一件事情实在是让他放心不下,这就是他的儿子,后来的明武宗朱厚照。

朱厚照生于弘治四年(1491年),是明孝宗的长子。

朱祐樘一生只宠爱张皇后一人,这一直是满朝文武的一个心结。他们结婚多年,仍无子嗣,这可是关系到国家将来命运的大事。为了江山社稷,朝臣们如雪花般的奏折不断地往朱祐樘案前送,希望朱祐樘多纳嫔妃。但这个朱祐樘还就是死心塌地只要张皇后一人,朝臣们好说歹说,就是不再娶。张皇后得子,终于了却了朝臣们的心结,从此他们不再烦着朱祐樘纳妃,而朱祐樘也正好可以和张皇后安安稳稳地过日子。

朱祐樘给这个儿子取名为"照",寓意为"四海虽广,兆民虽众,无不在于照临之下"。后来朱祐樘再次得子,取名朱厚炜,却很早就夭折了。朱厚照便成为明孝宗夫妇二人的独生儿子。最重要的是,他还是大明王朝迄今为止九代人中,唯一由正妻所生的嫡长子。在他之前从建文帝朱允炆、成祖朱棣直到孝宗朱祐樘,都是嫔妃所生。这下,大明王朝终于有了一个绝对名正言顺的皇位继承人,朱祐樘心里怎能不乐开花?

朱厚照理所当然地成了孝宗和张皇后的掌中宝,从小娇惯异常,真是含在嘴里怕化了,捧在手里怕摔了。才2岁的时候,就被自己的父亲迫不及待地加封为皇太子了。

令朱祐樘和张皇后感到欣慰的是,这个孩子十分聪明。他双眼炯炯有神,怎么看怎么透着一股灵气,"粹质比冰玉,神采焕发"。从小不管别人教什么,都是一点就通。于是,在他8岁的时候,朝臣们就建议明孝宗让太子出阁读书。

每天，朱厚照的身边都会有十几位官员陪伴他读书，这些人都来自翰林院，其中还包括了著名的三人团队刘健、谢迁和李东阳。朱厚照也不负众望，前一天讲官教给他的东西，第二天就能倒背如流。只用了几个月，宫廷中的各项繁文缛节、礼法家规就全部掌握了。明孝宗前来检查他的学业，他率领文武官员迎送，没有任何失礼的地方。不管是朱祐樘还是当时的文武百官都相信，有朝一日，这个孩子会像他的父亲一样，成为一位有道明君。

令人大跌眼镜的是，随着朱厚照的渐渐长大，他们发现，这个太子距离他们心目中的有道君王，开始越来越远。

朱厚照的父亲朱祐樘，是一个从小在孤独中长大的人。他习惯了压抑自己内心的感受，喜怒不形于色，从不让别人知道自己到底在想些什么，而对于身边的大臣们，表现出的则是发自内心的尊敬。他用一个有道明君的标准严格地克制着自己的行为，无论他们说什么，怎样说，他的反应永远是恭敬而谦和的。他深知自己曾经受过怎么样的苦难，所以希望自己的孩子永远远离这些苦难。因此，他不仅对朝臣宽容，对待自己的独生儿子更是前所未有的宽容。

朱祐樘并不干预未来帝国的继承者自由玩乐的时光，也从不板着脸逼他读书习字，只有在每次与朱厚照单独在一起的时候，才会悉心地劝导他什么该做什么不该做，如果一旦做了不该做的事情，就会被言官们纠劾。朱厚照不解，他认为六科官员都是父亲的臣下，为什么父亲还要怕他们呢？每到这时，明孝宗都会轻声告诉朱厚照，一旦当皇帝的不能谨言慎行，大臣们纠正的奏章就会压得人喘不过气来。

朱祐樘的本意，其实是想让朱厚照明白，怎样用一个君王的标准来约束自己，但是在年幼的朱厚照心里，却产生了另外一种直觉，就是对大臣的反感。正是这些讨厌的大臣们，让自己不能够自由自在地生活。

朱厚照虽然很聪明，却丝毫不喜欢读书，尤其不喜欢什么圣贤之道。他的爱好极其广泛，什么踢球、音乐、字画无一不钻研。大臣们开始上疏，要求太子回归正道，不要让这些杂七杂八、不务正业的瞎折腾把太子的学业耽误了。这一切让朱厚照知道了，更加加深了他对大臣们的反感。

与之相反，在朱厚照的童年生活中，太监们则扮演了一种非常令他愉快的角色。他们不会阻止朱厚照做任何事情，无论什么，都顺着他的心意，陪着他玩不说，更不会逼着他去学什么所谓的圣贤之道。久而久之，朱厚照慢慢地和他们打成了一片。

弘治十八年（1505年），孝宗皇帝死了。年仅15岁的朱厚照从贪玩的皇太子一下变成了肩负重任的一国之君。五月十八日，朱厚照正式即位，改年号为正德。

这两个字用在朱厚照身上，可谓有极大的讽刺效果。他的一生，与"正"和"德"简直是一点都不沾边。不过此时，事情才刚刚开始。甫一即位的朱厚照心中一片茫然，根本不知道皇帝是怎么当的。但是没关系，当年的三位重臣阁老此刻都围绕在他身边。他们会一步一步地告诉这个小皇帝，一切应该怎么做。而这时的正德皇帝也并未表现出怎样的反叛，一切都在中规中矩中运转。

朱厚照对于当时颇具美名的三位遗老大臣，可谓言听计从。但是，没有过多久，他们之间的问题便接二连三地爆发出来了。由于这三个人习惯了弘治皇帝的办事方式，于是便将这套理论原封不动地加在了年轻的正德皇帝身上，不论大事小事，总是咄咄逼人。朱厚照对于大臣们本来就有反感心理，这样一来，更是对他们不满之极。而最让朱厚照受不了的，就是定期举行的经筵。

明朝所谓的经筵，常常是在文华殿举行。这个活动一般都是群臣向皇帝进行说教和讲学，告诉他什么该做什么不该做。正德皇帝对于这个无聊又没有实际意义的活动大为反感。再加上年轻又贪玩，能勉强做到每天按时上早朝就已经是难得的了，于是他便经常找寻各种借口不去参加经筵。

朝臣们对皇帝的行为十分不满，各种各样的劝谏书不停地往朱厚照眼前飞，三位顾命大臣也是苦口婆心地一遍又一遍坚持力请。这一次，朱厚照终于认识到了大臣们的厉害。但是由于从小被娇宠惯了，他虽然重开了经筵，却也产生了强烈的逆反心理。相比之下，宦官们就可爱多了。从此，他暗下决心，要和这帮老顽固们作对到底。

　　正德元年（1506年）九月，朱厚照和大臣的矛盾终于正式爆发了。

　　这一天，被派往江南督造朱厚照日常生活衣装的太监崔杲以筹措经费为理由，向户部追讨往年支剩的盐12000引，但户部没有批复。理由是按照先例，盐税收入只能用于军饷，不能挪为他用。朱厚照知道后，站在了崔杲一方，要求户部拨款。户部却坚决不给，还以此为理由，开始了一场大规模讨伐朱厚照的行动。从六科十三道直到都察院，几乎所有的言官都参与了进来。三位内阁大臣甚至以辞职相威胁，让朱厚照大丢面子。而朱厚照看着一封又一封的讨伐书，态度反而更加强硬，就是不同意收回成命。就这样僵持了许久，终于以折中的办法，批给了崔杲盐引的一半，也就是6000引。

　　盐引的事情过去了，正德皇帝中规中矩做皇帝的日子也正式宣告结束了。从此，他对于当一个有道明君彻底失去了兴趣。不管是大臣们和他商量什么事情，他都毫不理会，凡事都只说知道了。他开始我行我素，所有的时间都花费在了游戏和享乐之上，大臣们对于这个顽劣的小皇帝也终于无可奈何。

把命玩丢了

　　正德十四年（1519年）二月二十五日，明武宗朱厚照忽然发下诏书，宣布他即将派遣总督军务威武大将军朱寿南巡，而且要"登泰山，历东京，临浙东，登武当山，遍游中原"。这下子大臣们傻眼了。他们的忍耐已经到了极限，忍无可忍之下，一场联名规劝朱厚照安于本分、别再闹事的好戏正式上演。

　　为了让朱厚照打消出游的念头，大臣们有的在他面前长跪不起，有的一封接一封地上疏，更有的就在朱厚照面前号啕大哭，一把鼻涕一把泪。但不管周围的人怎么说，他就是不听。到了三月二十日，朱厚照的脾气终于爆发了。

这一天，多名朝廷官员齐聚午门，密密麻麻地跪了一地。原来，这些人都是上疏阻止朱厚照南巡的官员。在江彬的挑唆下，这些朝臣们不仅被罚跪长达六个时辰，在这之后还被朱厚照"各廷杖五十或三十"，再押入大牢。因为此事被打死的官员竟有11人之多，被贬谪者也有上百人。

这场闹剧结束了，朱厚照却犹豫了。他心中其实明白，这些人是对的。他们的所作所为，没有一个是为了自己。思考再三之后，朱厚照终于痛下决心，表示自己放弃去南方的念头。

宁王朱宸濠是明太祖朱元璋的五世孙。他见当朝皇帝即位以来一直荒淫无道，只知寻欢作乐，不理朝政，心中早就有了反叛之心。正德九年（1514年）开始，朱宸濠不断地向朱厚照身边的太监刘瑾以及近臣钱宁等人输送大量金银财宝将他们买通，时刻关注着朱厚照的一言一行。而且，他在自己封地江西为这次反叛做好了充足的准备。

在江西，朱宸濠作威作福。"尽夺诸附王府民庐，责民间子钱，强夺田宅子女，养群盗，劫财江、湖间，有司不敢问。"还擅自杀害了朝廷官员都指挥戴宣，驱逐了当地的布政使郑岳、御史范辂以及幽知府郑巘和宋以方，当地的副使胡世宁看不下去，一纸上疏，请求明武宗把宁王裁撤。谁知宁王恶人先告状，抢先一步向朝廷告发胡士宁。胡士宁被贬后，江西各官员再也没有人敢和宁王作对了。

正德十四年（1519年）六月十四日，一切准备就绪的朱宸濠打着讨伐荒淫无道的暴君明武宗的旗号，开始正式起兵。"参政王纶、季教，佥事潘鹏、师夔、布政使梁宸，按察使杨璋，副使唐锦皆从逆。以李士实、刘养正为左、右丞相，王纶为兵部尚书，集兵号十万"，大举向中原挺进，一路所向披靡。"命其承奉涂钦与素所蓄群盗闵念四等，略九江、南康，破之。驰檄指斥朝廷。七月壬辰朔，宸濠出江西，留其党宜春王拱檰；内官万锐等守城，自帅舟师蔽江下，攻安庆。"

消息终于传到了京城。朱厚照听了，不但没有丝毫的忧虑，反而立即拍手称快。这一次，他终于找到南巡的最佳借口了。

他立即将文武百官召集到左顺门，商讨平叛方略。众人商议的结果，自然是要派人带兵出征。但带兵的人选递上去之后，大臣们迟迟都没有得到皇帝的答复。他们足足等了三天，才收到消息——朱厚照要亲自带兵上阵。其实，就在明武宗发布这道旨意的当天，朱宸濠叛乱已经被汀赣巡抚佥都御史王守仁和吉安知府伍文定二人平定了。

朱厚照并不知道这件事。他已经完全沉浸在了将要去往南方的喜悦之中。八月二十二日，他开始率领京师精锐部队数万人出发，一天后到达涿州，住在一个叫张忠的太监家里。就在这时，王守仁的捷报传来。明武宗看到捷报，心中五味翻腾。

朱厚照亲手抓获朱宸濠的愿望就这样破灭了。大臣们开始委婉地劝诱明武宗立即还朝。但是，在朱厚照看来，好不容易出来了，哪有轻易回去的道理？依然执着地要求继续南征，还给王阳明发布诏谕，禁止他押送朱宸濠到京城，而是留在原地耐心等待自己的到来。

走了将近一个月的时间，明武宗抵达临清。这时发生了刘娘娘事件，朱厚照不辞辛苦，又花了一个月的时间亲自将美人接到身边，再继续前行。这一路上，朱厚照虽然身披铠甲，却游山玩水，赏花观鸟，一边走还一边要求臣下为自己搜罗金银财物，没有丝毫要打仗的样子。这样一直到了十二月初一，他才了抵达扬州府。

到达扬州的第二天，朱厚照带领随从们一起去城外打猎，尽兴而归。从此开始迷上打猎，每天的生活几乎是在打猎中度过。对于群臣的劝说，从不加以理会。众臣无奈，只好去恳求刘娘娘。刘氏出面，才终于劝住了这位无法无天的皇帝。

在扬州，朱厚照还做了一件令人匪夷所思的事情。他竟然亲自前往各大妓院去慰问妓女，扬州妓女也因此而身价倍增。

朱厚照就这样一直在南京附近游玩。到了正德十五年（1520年）

二月，他接到奏报，张永已经将朱宸濠押到了南京江口。为了弥补自己没能亲手抓获朱宸濠的遗憾，他下令手下人等在自己的住处布下阵势，然后给朱宸濠松绑，自己则跨上马背，重新表演了一出活捉宁王的好戏。而此时众位军事大声呼喊皇上神勇。朱厚照则得意扬扬，就好像朱宸濠是真的被他亲手抓获一样。

　　八月，在众位大臣和刘娘娘的苦心劝导之下，明武宗终于打算返京了。到了九月，浩浩荡荡的大部队抵达清江浦。朱厚照发现，这里的游鱼又多又美。他玩性大起，跳下马车一个人驾了一艘小船就要到河里抓鱼。谁知一个不稳，只听"扑通"一声，皇帝掉到水中不见了。

　　随行的众人一个个慌忙地跳入水中前去援救。一阵折腾之后，终于把朱厚照拉上岸。虽然有惊无险，但他也因此而受到惊吓，再加上常年荒淫过度，身体虚弱，开始一病不起。

　　回到京城之后，他下令朱宸濠自尽，而王守仁和伍文定的平叛功劳则全部被加在了他自己身上，成了明武宗亲自出征获得大捷。之后，朱厚照的身体江河日下，终于正德十六年（1521年）正月，在豹房一命呜呼，年仅31岁。在遗诏中，朱厚照要求"释系囚，还四方所献妇女，停不急工役，收宣府行宫金宝还内库"。临死之前，终于做了一件对百姓有益之事。

第三卷
日落黄昏——由一哥变成老弟的岁月

第一章

隆庆：让他们玩吧，朕是过客

穆宗受伤了

嘉靖四十五年（1566年）十二月中旬某日，朝野沉浸在一片无以言说的氛围之中，明世宗鹤驾西归。

嘉靖自正德十六年（1521年）即位，在皇帝的宝座上度过了45个春秋。对于他的评价，历来颇有争议，论及其功过是非，我们可以分两个阶段。

嘉靖四十五年（1566年）年底，皇宫内，朱载垕的登基仪式正按部就班地进行着。朱载垕被任命为接班人，可以说部分原因是得益于运气。

朱载垕是嘉靖的第三子，其母杜康妃姿色尚浅，又没有强大的后台背景，因此不得嘉靖宠爱。所谓母凭子贵在杜康妃这里并没有得到验证，朱载垕的出生没有引起多大的反响，一来其母不得宠爱，二来嘉靖已有两个皇子，物以稀为贵，皇宫之内这个道理依旧成立。

世事难料，嘉靖的长子朱载基，在刚刚出生不久就夭折了。二子朱载壑，被立为太子，但是在嘉靖二十八年（1549年）也死去。

嘉靖十八年（1539年），朱载垕被封为裕王。嘉靖三十二年（1553年），朱载垕出居裕王邸，开始独立生活。这一年朱载垕16岁，依现在的标准来看，是一个还在父母身边撒娇的年龄。

两个儿子相继离去，可谓白发人送黑发人，嘉靖深受打击。按理说，朱载壑死后，好运将要降临朱载垕。但是，事情并没有按照想象中的程序进行。有些时候，某些人无关紧要的一句话却能够改变一个人的命运。

心灰意冷的嘉靖正值宠幸道士，恰逢在这个时候，一个道士进言"二龙不相见"。这世宗便以此为由不再立太子。距离太子之位只有一步之遥的朱载垕，因为道士的一句话就被拒之门外了，朱载垕有气却只能往肚子里面咽。

外在的危机让朱载垕不敢有丝毫的懈怠，世宗有八个儿子，英年早逝者居多，三子朱载垕和四子朱载圳是硕果仅存的两个。朱载圳的母亲正值受嘉靖宠爱，嘉靖的天平会偏向四子那儿也未可知，在这样的未知和惶惑中，朱载垕处处压抑着自己。

长时间的压抑给年幼的朱载垕留下了心灵的阴影。在裕王府的13年里，朱载垕如履薄冰，对父皇嘉靖更是毕恭毕敬，不敢有半点忤逆。战战兢兢的朱载垕最害怕的事情就是跟父皇打交道，因为生怕出丁点儿的差错，这种心理上的长久恐惧对他后来的性格形成有着重大的影响。

也许上天对朱载垕有着莫名的偏爱，嘉靖四十四年（1565年），朱载垕的最大竞争对手朱载圳去世，朱载垕终于可以高枕无忧了。毫无疑问，朱载垕这个皇位是坐定了，他现在所能做的就是等待，等待父皇归西的那一天。

历史并没有让朱载垕等太久，这一天终究是来了。嘉靖四十五年（1566年），朱载垕怀着复杂的心情登上觊觎已久的皇位，是为穆宗，年号隆庆。跟多数初登基的皇帝一样，朱载垕怀着一颗雄心壮志，准备大展宏图，一鸣惊人。

纵观穆宗种种，我们不能怀疑他的雄心壮志，《明史·穆宗本纪》也称其为"令主"。穆宗从嘉靖四十五年（1566年）即位到隆庆六年（1572年）去世，在位仅仅六年，被评价为"继体守文，可称令主"，这是非常难能可贵的。张居正也毫不吝啬赞美之词："上（穆宗）即位，承之以宽厚，躬修玄默，不降阶序而运天下，务在属任大臣，引大体，不烦苛，无为自化，好静自正，故六年之间，海内翕然，称太平天子云。"登基伊始的穆宗，自然要办些大快人心的事情，第一个开刀的就是道士群体。穆宗自己本身对道士就有着无以言说的憎恶，那句"二龙不相见"让他莫名受了数不清的冤枉苦，此时手握大权的他，便毫不客气地把矛头指向了他们。

这一包含着众多私心因素的举措，受益群却极大。对于朝政来说，一股污秽之气被清除，政治清明了不少，法度也更加修明，同时也减轻了百姓的负担。此措深得人心，人人竖起大拇指，穆宗的虚荣心也大大得到了满足。

意气风发的穆宗昂首挺胸，后宫嫔妃突然之间发现他们的夫君原来也可以这么伟岸，对他的敬仰一时之间有如滔滔江水连绵不绝。穆宗的男子汉气概一发不可收拾，当即表示要给后宫拨款犒劳。

穆宗处事一向低调，更是以勤俭节约闻名，平素更是布衣素食，一切从简。皇帝如此，后宫之中哪里敢奢华。此次皇帝既然开了金口，后宫嫔妃个个满怀期望，翘首等待。只怕塞上牛羊空许约，终究是黄粱一梦。

作为一个皇帝，想犒劳一下后宫嫔妃，这本是无可厚非之事。只是这事到了穆宗这里，似乎就不是一件轻而易举的事情了。

原因很简单，穆宗没有钱，这话听起来简直是滑天下之大稽，一国之君，竟然没有钱，这是怎么回事？在明代，皇帝都有自己的私房钱，那就是内库，这部分钱维持着皇室的日常开支，但是到了穆宗时，内库已经被搜刮一空，这大都是世宗的"功劳"。"世宗营建最繁，十五年以前，名为汰省，而经费已六七百万。其后增十数倍，斋宫、秘殿并时而兴。工场二三十处，役匠数万人，军称之，岁费二三百万。"（《明史》卷七八）世宗大兴土木，更是大肆奖赏道士，内库更无分文，简直是一穷二白。

夸下海口的穆宗只得厚着脸皮向户部要钱，此时的户部长官是马森，马森是个铁面无私的人，更不懂得溜须拍马。马森先是对穆宗盘查一番，穆宗支支吾吾说得理不直气不壮，马森一听，三寸不烂之舌马上工作起来，长篇大论说得头头是道，总归一句话，钱是不能给的。

碰了一脸灰的穆宗垂头丧气回去了，一肚子的怨气无处发作。面对着后宫嫔妃期待的眼神，穆宗是怎么也神气不起来了。此时的穆宗严重受挫，一国之君，竟沦落至如此地步，委屈，愤怒，一股脑儿地涌上心头。唉声叹气，却也无可奈何。

处于心情低谷的穆宗正独自疗伤，一位大臣来凑热闹了。这个人是詹仰庇，关于他的记载史书上不多，此人是嘉靖四十四年（1565年）的进士，如此看来，入仕资历尚浅。

这个詹仰庇没有看到穆宗满脸的忧郁，开口便是一连串的指责。原来，他不知在哪里得到的消息，听闻穆宗与皇后两人闹矛盾，皇后便搬去别院居住了。这本是穆宗的家务事，言官本不该参与，只怪言官太闲，有些人又居心叵测，一心想要出名。

尽管穆宗是出了名的好脾气，此时再也忍不住发作了，老虎不发威，你当我是病猫，况且兔子急了还咬人呢。这詹仰庇还算识时务，看穆宗要发火，灰溜溜地回去了。

是夜，一声声的叹息从穆宗的寝宫传来，一波未平一波又起，穆宗辗转反侧，难以入眠，这皇帝的宝座原来不是这么好坐的，踌躇满志的穆宗受挫了。

算你狠，我们走着瞧

天下没有不漏风的墙，穆宗请求户部拨款的事情在第二日便一传十、十传百地散开了。这种爆炸性的新闻，言官必定拿来炒作一番。于是，一道道指责的奏章雪片一般飘到穆宗的案几上，穆宗顿感寒冬袭来，不禁打了一个寒战。

穆宗刚刚平稳的心再次涌起了波澜，他有些招架不住了。他叹息着，没有人能够体会他内心的痛苦，当踌躇满志的兴致遭遇现实的壁垒，惊慌失措之后的沮丧，然后的无奈，这些无时不一次又一次撞击着穆宗受伤的心灵。

天气很好，秋风清爽，盛期菊花朵朵，开得如此卖力，仿佛要倾尽其生命。这是一个硕果累累的季节，穆宗想象着自己的子民丰收的景象，嘴角上扬，却是一脸的苦笑。自己也多想倾其所能，为这个盛期的国家做点事情，却是如此的难。一个一个的拦路虎，让自己无路可去。

钻入死胡同的穆宗久久不能从失落中恢复，雄心壮志慢慢萎缩，一遍一遍地问，大明，我拿什么拯救你？这份担子实在是太重，穆宗不想承担了，他想到了推卸责任。那么，谁才是合适的人选呢？穆宗想到了身边的高拱、张居正和陈以勤，他们三人都是东宫官僚。

高拱是穆宗的老师，自穆宗为裕王时就跟随左右，有十三年之久，感情深厚，可谓心腹。张居正是高拱的至交好友，又是徐阶的得意门生，与陈以勤同为穆宗身边的讲官。

翌日，穆宗就令时任礼部尚书的陈以勤和时任吏部左侍郎的张居正同时入阁，这二人的加入为内阁注入了新鲜血液，同时也使得内阁成员斗争矛盾更加复杂化。至此，内阁成员增至六人，由首辅徐阶统领。

正当内阁重组之时，一个不安分的人再次站出来，挑起了是非，此人乃是胡应嘉。胡应嘉我们在前面也提到过，嘉靖三十五年（1556年）进士，祖父胡琏与徐阶是同乡。

胡应嘉的第一次出场是在嘉靖末年，世宗病危之时，时任吏部给事中的胡应嘉向皇帝上书，弹劾高拱"不忠"。在这样一个注重忠义的时代，若是落得一个不忠的罪名，那简直就要遗臭万年，高拱感觉事态严重，似要大祸临头一般，况且他本是个爱面子之人，其忠心不容置疑。

高拱在世宗还未表态之前，立即上书为自己申辩，恰逢世宗昏睡不醒，不省人事，有惊无险，这事就这么被压了下来，此事算是告一段落。

惊出一身冷汗的高拱,冷静下来,将此事前前后后仔细想了一个遍。这胡应嘉平素虽总是笑脸相迎,溜须拍马,却是个笑里藏刀的笑面虎。我与他无冤无仇,他却总是跑来找碴,莫非背后有人主使?

高拱这样想似乎也合情合理,有根有据,前些日子,胡应嘉弹劾了工部左侍郎李登云,这李登云跟高拱有着一层亲戚关系,李登云被罢官,高拱对胡应嘉本就有几分积怨,此次,胡应嘉竟然欺负到自己的头上来了,高拱雷霆大怒,这个梁子算是结大了。

这胡应嘉纵使有再大的胆子也不敢如此妄为。这捕风捉影的诬告,饱含杀意,明明就是想置自己于死地。更让人难以理解的是,高拱自认为在此之前并没有得罪胡应嘉,这胡应嘉没有理由跟自己如此过不去,非要自己的性命不可。

那么,这个背后主使人是谁呢?高拱这样想着,自然而然想到了徐阶,他的头号敌人。和徐高的矛盾由来已久,这是尽人皆知的事实,一山不容二虎,两人非要斗个你死我活,争出高低。

胡应嘉置自己的生死于不顾,拿这种子虚乌有的诬告,奋起一击,他应该明白这其中不成功便成仁的结局。胡应嘉他没有这么傻,那么唯一的解释就是,他有后台,有强有力的靠山。这个人是徐阶,只能是徐阶。高拱此刻就这么断定了,尽管没有任何的证据。

胡应嘉冒着生死危险,本想给高拱致命一击,只是天不遂人愿,高拱侥幸逃脱。得罪了内阁要员,按理说这胡应嘉本该战战兢兢,夹着尾巴做人,可是他既没有辞职,也没有被罢官,依旧高调处事,越发肆无忌惮,看谁不顺眼,照旧参一本。

胡应嘉种种行为似乎更加印证了高拱的猜测,胡应嘉有强大的后台,所以他才会有恃无恐。纵使高拱心中再怎样愤恨,也不敢轻举妄动,徐阶这个老江湖不是好对付的,搞不好弄巧成拙,满盘皆输。冲动是魔鬼,高拱劝诫自己忍耐,忍耐,再忍耐。

高拱纵有满腹委屈却无处发泄,沮丧之时,胡应嘉自动送上门来,真是天上掉馅饼的好事。高拱精神为之一振,冷哼一声,小样,你就等着瞧吧,该是我出马的时候了。高拱整装待发,跃跃欲试,做好了战斗的准备。

胡应嘉纯粹是自找麻烦,原来他还是闲不住,弹劾主持京察的吏部尚书杨博。

京察是考核官员的一种制度,明朝京官六年一考,称之为"京察"。考核结束后要上报考核成绩,考核成绩一般分为四种:称职、平常、不称职、贪污阘茸。依据四种不同的考核结果,又制定了不同的处理措施:称职者升职,不称职者降职,平常者不升亦不降,而贪污者将承担法司责任,阘者罢免。更有甚者,永不录用。

此次京察,考核对象为五品及其以下官员。对于这些官员来说,京察非同小可,自然会有众多官员下野。主导此次京察的是吏部尚书杨博。杨博是山西人,在朝中颇有威望,可谓元老级的人物,严世蕃曾将之归为"天下三杰"。内阁成员对他犹礼让三分,毕恭毕敬。

京察结束后,不知天高地厚的胡应嘉竟然上书弹劾了杨博,这在朝野引起了轩然大波,一片哗然,其中不乏看好戏者,也有佩服其勇气者,更有为其捏了一把汗者。敢在老虎眼皮底下拔毛,这还真是胆大妄为。

胡应嘉所说,原来此次京察,罢黜了一批官员,其中还包括两个言官。当中却无一山西人,也就是杨博的老乡没有一个。这就不禁让人联想翩翩,杨博手握大权,凭着这层关系,要放过一个人、罢免一个人,那是轻而易举的事情,"包庇山西同乡"这徇私舞弊的罪名就这样落到了杨博的头上。

只是,胡应嘉现下得意扬扬为时过早,他忽略了一个问题。胡应嘉本人作为杨博助手,也曾参与了京察,按说,他本该在京察中就提出这个问题,如今却拿出来大做文章,不免有失职之嫌。

在旁等候多时的高拱敏锐地抓住了这样一个漏洞,于是,舆论的矛头转移了,胡应嘉片刻间成为众矢之的。在官场摸爬滚打了多年的官员,自然识得时务,一边是政界元老,外加一个高拱,都不是好惹的人物，另一边是一个整日惹是生非的言官。"正义"的天平从一开始就不能平衡，结局已经注定。

没有任何疑问地，"胡应嘉党护同官，挟私妄奏，首犯禁例，罢黜为民"。胡应嘉搬起石头砸了自己的脚，一步一回头地卷铺盖走人，徐阶，那个在背后一直力挺他的人，依旧一副泰然，自始至终没有任何表示。胡应嘉彻底失望了，官场上没有真正的情谊，无非是相互利用罢了。罢了，罢了，胡应嘉叹息着，不再迟疑，决然离去。

高拱出了一口恶气，满心欢喜，可是高拱未免高兴得太早，所谓螳螂捕蝉黄雀在后，一场暴风骤雨即将来临。

胡应嘉被罢免的事情散布开来，传言一波高于一波。胡应嘉作为言官的一个代表被革职，这对言官来说，似乎是一个杀一儆百的征兆，言官敏感的神经被调动起来了。而可怜的高拱因为在胡应嘉罢黜事件中起着煽风点火、推波助澜的作用，于是成为言官群攻的一个对象。

言官纷纷上书，弹劾高拱滥用职权，压制言论，阻塞言路。高拱不紧不慢，几个小喽啰，成不了什么大气候，事情还在高拱的控制范围内。

最后，此事惊动了兵部给事中欧阳一敬，高拱紧张了，感觉事情已经失控。高拱的担心不是杞人忧天，欧阳一敬不是简单人物，人称"骂神"，在他的弹劾之下下野的人可谓如过江之鲫，数不胜数。

欧阳一敬一出，事态立即升级，战争的火药味更加浓烈，气氛更加紧张。言官有了领导，立即团结起来，将弹劾高拱之事推向高潮，令高拱防不胜防。

有仇的报仇，有冤的报冤，压力越来越大，高拱招架不住了，纵使有穆宗的庇护，这以后在朝廷之中也无立足之地。高拱无可奈何，迫不得已卷铺盖走人了，步了胡应嘉的后尘。

与俺答进行的双边会谈

弘治时期，达延汗统一了蒙古大漠南北，从而暂时结束了蒙古分裂的局面，为蒙古草原的兴旺奠定了基础。

嘉靖八年（1529年），达延汗之孙俺答汗和他的哥哥吉囊进攻明朝的榆林和宁夏，被明陕西三边总督王琼击退。

嘉靖十一年（1532年），蒙古小王子至延绥求贡，总制唐龙请皇帝答应他们的要求，嘉靖帝不听。小王子大怒，于是率兵数10万入侵。此次求贡虽是由小王子发起，却代表了俺答的心意。

嘉靖十三年（1534年）三四月间，吉囊、俺答先后两次派人向明朝乞求通贡，嘉靖帝断然拒绝。这下可惹恼了他们，于是，率兵十万攻入延绥，使明军受到重创。

嘉靖二十年（1541年）七月，俺答派石天爵、肯切向明朝请贡。石天爵说："以前入贡互市，互惠互利。自贡道不通之后，蒙古由于人、畜多疾，衣食紧迫，所以连年内犯。近来卜之神官，谓向天朝纳贡方是出路。如蒙允许，可留一人质，另一归返。今后双方两不相犯。"本来俺答是有诚意的，可嘉靖帝不但没有答应通贡，反而悬赏割取俺答首级。俺答听说这一消息后，一怒之下，与哥哥吉囊分兵两路入侵。其中俺答一路入塞以后，越过太原，南入石州，一路上烧杀抢掠。

自嘉靖二十年（1541年）起，俺答开始独立求贡，而且次数非常频繁。

嘉靖二十一年（1542年），俺答派石天爵等到大同镇边堡，再次向明朝请和。明大同巡抚龙大有竟将石天爵等人押送朝廷，并假称用计擒获。嘉靖帝不但不追究龙大有的责任，反而升他为兵部侍郎，同时还下令将石天爵在西市斩首示众。俺答得知后发动了空前的进攻，他带兵深入山西，转掠十卫、三十八州县，杀戮20多万人，京师一度处于高度戒备状态中。

虽然明廷杀了俺答的使者，但他从嘉靖二十五年五月至二十六年（1546~1547年）春，曾先后数十次遣使于明，但均被嘉靖帝无理拒绝。

本来明朝两次斩杀对方使者已是过分，而俺答在使者两次被杀后仍求贡如故，可见其诚心。谁知嘉靖帝一意孤行，拒不许贡。俺答在盛怒之下频频发动大规模的攻击,终于导致嘉靖二十九年(1550年)的庚戌之变。

俺答在求贡问题上很执着,即便在大掠京畿、与明对阵之际也念念不忘求和通贡。回师之后俺答又派义子前去求贡。当时任宣大山西总督的苏佑将情况上报朝廷后,咸宁侯仇鸾极力主张答应其求贡。嘉靖帝迫于俺答兵威,加之此时对仇鸾有好感,于是下令在大同、宣府、延绥等地开设马市。

嘉靖三十年(1551年)三月,明廷发银10万两,令兵部侍郎史道前往大同管理互市。刚开始时俺答十分高兴,亲自到马市交易,并向明朝进贡良马九匹。后来,俺答认为明朝所给的马价太低,颇有怨气,双方冲突渐起。为了贫穷牧民得以温饱,俺答曾向明朝请求无马牧民以牛羊换取粮食,明朝则予以拒绝。由于俺答的要求遭到拒绝,加之,从内地逃过去的白莲教徒萧芹等人从中挑拨,所以俺答对部下管教不严,在马市开始之后入掠之事仍时有发生。本来明开市的目的是想换取和平,抢掠之举发生之后,朝中个别的大臣,指责俺答无信、马市难恃。虽然俺答继献马之后又将萧芹等30余名叛明汉人缚献朝廷,但马市仍旧中断了。

嘉靖三十一年(1552年),嘉靖帝以俺答侵犯明境为由,诏罢马市,刚刚恢复的马市又中断了。这次互市明朝并无诚意,而俺答在其要求没有得到满足之后显得耐心不足,终于让明政府抓住了把柄。但总的说来,明朝的责任更大。

马市停罢之后,俺答对互通贡市已彻底失望。在以后的一段时间里,他多次进攻明朝,虽然没有再现庚戌之变那样严重的事件,但也给明朝不小的打击。

嘉靖四十五年(1566年),嘉靖帝死去,隆庆帝继位。不久双方关系出现了新的转机,终于在隆庆五年(1571年)双方达成和议。

双方最终言和,有着经济的和历史的原因。首先,这是双方经济交流的需要。中原的农业经济和蒙古族的游牧经济互相依赖,蒙古族牧民缺少粮食和铁锅等生活必需品,迫切需要与中原进行贸易。如果没有必要的贸易,便难免进行抢掠。贡市将很好地解决这一矛盾。其次,多年的战争给双方的人民带来了深重的灾难,大批蒙古族百姓死于入掠的征途中,如嘉靖二十年(1541年)俺答率兵深入山西石州,死伤数万人。不仅如此,入掠还将天花带到了游牧地区,天花以及瘟疫夺去了无数蒙古族牧民的生命。为此,俺答令巫师占卜,请教神灵,结果是:与明通贡则大吉大利。俺答之所以多次诚心求贡,都是入掠所造成的人马减员以及巫师的解释坚定了他的决心。再次,明朝换了皇帝。老皇帝嘉靖是一个刚愎自用、独断专行的人,他对蒙古族的态度一向强硬,反对互市。新即位的隆庆帝要开明得多,因此在隆庆五年(1571年)双方议和,俺答被封贡。

隆庆五年(1571年)三月,明朝封俺答为顺义王,对其子弟也分别做了册封。稍后,根据王崇古的建议,明廷允许俺答遣使入京贡马,每年一次60人。自此,入贡贸易又恢复了。

此外,在沿边一带又设立了马市,每年一次,每次一个月,同时又允许开月市。

隆庆五年(1571年),明朝册封俺答,允许他入贡通市,这件事史称"俺答封贡",也称"隆庆和议"。

俺答封贡之后,战乱减少,双方的贸易往来不断增加,长城内外的社会经济也得到了发展。万历九年(1581年),顺义王俺答死去,其后子孙继承其位,俺答妻三娘子继续主张尊奉明朝,所以自封贡之后,"四十余年再无用兵之患",北边得以安宁。

第二章

大明王朝的皇帝改姓张了

老办法新花样

夏意初来，一切还沉浸在生机盎然的气氛之中。只是，皇宫里却死气沉沉，毫无生气，这日是隆庆六年（1572年）五月二十六日，穆宗驾崩已经是秘而不宣的消息。

穆宗入葬之事，已经无关紧要。一个死人，哪怕这个人生前是怎样的万人瞩目，现在已经掀不起任何风波，当务之急乃是新皇登基之事。

其实新皇人选已经毋庸置疑。穆宗虽颇有艳福，后宫嫔妃无数，却只为他产下屈指可数的儿女。穆宗终其一生有四个儿子，长子5岁而夭折，次子不满周岁而亡，三子是朱翊钧，四子是朱翊镠，三子四子乃是一母同胞。

按照明朝的长子继承制，朱翊钧已无长兄，顺理成章登上皇位，是为万历皇帝，即明神宗。

穆宗驾崩之时仅36岁，在位满打满算才六年而已，他这个现存的最大的儿子朱翊钧也仅有10岁，皇帝如此小，自是不能亲政，当有人为国家前途而叹息之时，一场你死我活的权力阴谋展开了，高拱虽初占优势，毕竟势单力薄，张居正与司礼监太监冯保串通一气，里应外合，终将高拱拉下台。

高拱走了，与往日的风光形成鲜明的对比，高拱走得落魄而凄凉，无一人敢为他送行,自驾牛车狼狈上路。一朝权倾天下,一夕落魄如丧家之犬,如此反差,不得不让人感叹权力沉浮,世事难料。

高拱既走,皇帝尚年幼,权力自然要下放,张居正便毫无疑问地担当起首辅大任,顾命大臣的光荣称号更使他脸上增光。顶着种种闪耀的光环,张居正辅佐幼主,手掌国家大权10年之久。

张居正走向权力的高峰,一览众山小。这十年是张居正的天下,名义上,神宗有着至高无上的地位,但毕竟是个10岁的孩子,贪玩的年纪,对他讲朝政之事,无异于对牛弹琴。张居正集首辅与帝师于一身,神宗都要忌惮他几分。

自古权臣,要么遗臭万年,要么流芳百世。手握大权而不受限制,便成为滋生飞扬跋扈、独断专行的沃土。欲望往往与邪恶相伴而生,为欲望的满足而置天下苍生于不顾者比比皆是。当然历朝历代也不乏手握大权而不忘国家安危、为民为国谋福利者。一念之差,两种结局,所幸,张居正属于后者。

后人给张居正的评价是明朝后期杰出的政治家和理财家,能得如此评价,必有其过人之处,张居正定是做出了一番业绩。

张居正自幼聪慧,被乡人称为"神童",自嘉靖二十六年(1547年)入仕以来,心怀大志,一心想在朝廷有所作为,只是多次在朝廷崭露头角,都未赢得当权者的重视。目睹朝政腐败,张居正多次上书改革方案,要么被无情退回,要么不予理睬。

心灰意冷的张居正明白,要实现鸿鹄之志,只有一条路可以走,那就是独掌大权。可眼下之势,张居正唯有静静等待,养精蓄锐,等候一鸣惊人之机。

机会来了,张居正把握住了。如愿以偿,那么下一步便是大展身手之时。种种时机都已成熟,张居正振臂一挥,大声一喝,我要改革,改弦更张。

张居正虽习儒家经典,却有着天生的法家思想,其改革思想也渗透着法家精华,这为世俗所难以接受。祖宗之法,国之根本,怎可改变?

一遍一遍地疑问，一道一道地上书，阻力很大，压力很大。

商鞅曾有箴言："治世不一道，便国不法古。故汤武不循古而王，夏殷不易礼而亡。反古者不可非，而循礼者不足。"

想及此，况且多年志向，怎可毁于一旦，张居正抱着一颗誓死之心，力挽狂澜，终究是逆风而行，大刀阔斧地向着目标迈进。纵使满路荆棘，也要毫不犹豫地走下去。

说张居正大刀阔斧那是一点都不夸张，张居正的改革围绕边防、吏治、生产、税制，等等，可谓囊括了朝政的大部分内容。

张居正的改革，最为人称道的可谓推行了"一条鞭法"的税收方法，这也是张居正改革的核心内容。所谓"一条鞭法"，就是将一县之赋役，悉归于一条，将丁银归入田赋之下，这样赋和役就合并在一起，统以银两来收取。百姓可以通过银两来抵徭役，履行对国家的义务。从某种程度上来说，徭役被取消了。赋役征收大大简化，土地兼并得到打击，百姓负担也减轻，可以安心从事生产。

"一条鞭法"的实行并非张居正心血来潮，而是基于对社会形势的了解。况且，张居正终究是统治阶级的代表，他的所作所为，无不是为统治阶级服务的。

明中叶以后，资本主义萌芽产生，商品经济得到很大的发展，金钱的魅力一览无余地展现出来。上至皇室、王公大臣，下至平民百姓，对金钱的追求到了无以复加的地步。

穆宗，就是一个视财如命的典型，为追求游幸玩乐和物质财富的享受，他无限地索取国库银两，以公充私，供自己挥霍，上行下效。皇帝如此，那他手下的大臣必定好不到哪里去。

金钱诱人，皇帝又起了敛财的带头作用，于是官员纷纷利用手中职权，大肆敛财。所谓，羊毛出自羊身上，在农业社会，财富大都由农业创造，于是，对土地的兼并便不可限制地严重起来，对农民的搜刮便理所当然成为谋财之道。

这些敛财者，一味中饱私囊，宛若一个一个的蛀虫，长此以往，终究会有一天引火上身。纵使隐忍如中国农民，他们的忍耐总是会有个限度。一旦触及了他们的底线，他们也会大呼"是可忍孰不可忍"，然后揭竿而起，群起而攻之。

农民起义此起彼伏，小的不说，我们看看那些能在历史上留下名的，山东的唐赛儿起义、浙江的叶留宗起义、福建的邓茂七起义，等等，其势越来越难以抵挡，张居正看到了并且开始反思了。

那些敛财者，若是如此纵容下去，后果不堪设想。张居正站了出来，伸手拦下了那些不知大祸临头的同僚，大呼小叫那是必然。讲道理，张居正是没有这个耐心的，权力在握，谁敢不从。

"一条鞭法"终究是实行开来，赋役折变成银两，更是规定了定额，这是中国税制改革的一个大转折。中国的税制自秦汉以来，一直以征收实物为主要手段。"一条鞭法"推行以后，便确定了银两在赋役制度中的不可动摇的地位，并一直延续下去，赋役从实物向货币转换成为不可阻挡的趋势。

然而，愿望是美好的，现实却很残酷，张居正可以管得住眼皮子底下的官员，但是全国各地官员无数，他张居正纵使有三头六臂，纵使有天大的本事也无能为力。

"一条鞭法"触动的是地主阶级的利益，所以这就注定了它的贯彻实施要大打折扣，在一些已经推行"一条鞭法"的地方，官府仍然以各种名义征收赋税，更有甚者，强迫农民从事各种徭役。这大大违背了"一条鞭法"的精神。

尽管如此，瑕不掩瑜，张居正的改革仍是成功的，对缓和阶级矛盾和民族矛盾、安定社会、发展生产，大有裨益。

看不顺眼就要闹

"创始之事似难实易，振蛊之道似易而实难"，关于创业难还是守业难的问题，张居正从其切身经验得出这样的结论。新政步履维艰，张居正面临种种压力，让其不禁发出如此感慨。

张居正执政期间，确实是个多事之秋。新政的实施，因其改革力度甚大，屡次触犯大地主、大官僚等腐朽势力的利益，他们手握权力，屡屡以种种理由站出来阻挠。这些人，不是三言两语、训斥恐吓就能够解决的。

另外，张居正也不是一个完美无瑕、毫无把柄之人。他以公济私的行为，必然成为反对者攻击的对象。随着张居正权势的无限制扩大，他独断专行、刚愎自用的一面也逐渐滋长，再加其生活奢侈，这也授人把柄，引起了同僚的非议与嫉恨。

于是，一场场弹劾张居正的风波让他应接不暇，张居正本就是一个眼里容不得沙子之人，强力打击那是必然。明争暗斗，硝烟四起，朝廷沉浸在一片紧张的氛围之中。

第一场战斗已经悄然拉开帷幕，起因乃是新政。张居正推行了一套严格的官吏考成法，"课吏职，信赏罚"。根据考核后的政绩好坏，分成：称职、平常、不称职，以此体现赏罚分明，作为升职与罢免的依据。

这套官吏考核方法，史书记载，使得朝廷政令"虽万里外，朝下而夕令行"，这种说法虽有言过其实的成分，但其政绩还是应该肯定的。

但是，就是这套考成法，成了攻击的对象。万历三年（1575年），南京户科给事中余懋学上疏议事，种种言辞都直指张居正，先是批评考成法太过苛刻，又非常露骨地讥讽张居正阿谀奉承。

此时的张居正是何等威风，在众人面前对他评头论足，那真是胆大妄为。张居正的怒气一涌而上，你一个小小的给事中是向天借了胆，竟然三番两次不识时务，胆敢在老虎眼皮子底下拔毛。

这余懋学批评考成法之苛刻，却有其合理之处，因考成法要求各个衙门按照衙门事务轻重缓急都要定出一定的期限，然后登记上簿，月终注销，并送内阁考察，这种考核一月一小考、一年一大考。这确实是一项伟大工程，这使那些懒惰官员和无政绩官员个个叫苦连天，无不愤恨。只是，余懋学上疏张居正阿谀奉承之说，却有些牵强附会，若说其起端，这还要去追溯到上一年的历史。

其实，余懋学与张居正的矛盾在一年前就埋下了种子。万历二年（1574年）初夏，这日，天气晴朗，清风徐吹，鸟语花香，让人无比惬意。内阁成员聚集议事，竟然发现池中莲花含苞怒放，以往年来看，这莲花要到仲夏才开放，此事非比寻常，众人无不惊奇。恰在此时，有人来报，在翰林院发现有白燕，这又是一件稀奇事。

张居正以这两件事为祥瑞之征兆呈现给皇帝，小皇帝亦惊喜万分，只是，这个时候另一个掌权人物冯保发话了，皇帝年幼，唯恐以此取悦皇帝，反而让他玩物丧志。张居正拍马屁没有拍到点子上，支吾不语。

余懋学听闻此事，倒是来了兴致，他连夜写成一本奏折，声称张居正阿谀奉承，大失为臣之道。张居正受冯保一番指责，正无处发泄，他余懋学一个芝麻小官又来凑热闹，惹怒了发威的老虎。

纵使张居正权势熏天，朝堂之上，这么多人看着呢，神宗皇帝总要做个样子。这日，神宗皇帝下诏以此事对张居正予以点名批评。张居正心里那个愤恨，但是在这风口浪尖上，他也不敢有所作为，便将这口气压下了。

兴许是在此次弹劾中尝到了甜头，时隔一年，余懋学再次出击，并且旧事重提。老虎不发威，这余懋学还真当张居正是只病猫，张居正怒了，他这一怒非同小可，后果很严重。次日，余懋学便被革职，并且是"永不叙用"。只是他的罪名却给得无法让人信服，"贪污受贿"，据史书记载，余懋学为官清廉。

余懋学为一时的冲动付出了惨重的代价，"永不叙用"是多么残酷的惩罚，多年的苦读与基业毁于一旦。而更令人叹息的是，其清廉之高风竟然被莫须有的贪污受贿所玷污。在这政治斗争中，黑与白颠倒的世界里，唯有权力能说服一切。

权力掷地有声，一言九鼎，但是要众人个个言听计从那也未必轻而易举。张居正处置了余懋学，却不料点燃了一个导火索，引发了更大的风暴。真是一波未平，一波又起。张居正眉头紧皱，天予我大任，为何还要经历这么多的苦难。

余懋学含冤而去，河南道试御史傅应祯上疏为其喊冤："远近臣民不悟，遂谓朝廷讳直言如此，其逐谏官又如此。相与思，相感叹，凡事有关于朝政者，皆畏缩不敢陈矣。"余懋学行使言官职责，竟得永不叙用的报复，那以后谁还敢直言？

傅应祯所言种种，句句在理，引人深思。可是接下来所说，就是引火上身，自找麻烦了。傅应祯不仅将张居正骂得狗血淋头，更是连带着神宗也一并侮辱了。"张居正误国，万历失德"，这两个当朝大人物一并得罪了，傅应祯的好日子到头了。

张居正勃然大怒，当庭失态，不过还未等他发话，神宗就先下手为强了，"廷杖伺候"。傅应祯被打成重伤，险些丧命。然后交给锦衣卫镇抚司处置。这个镇抚司奉旨办案，将其发配边疆充军，此事到此告一段落。

张居正的权威无人能撼，这成为整个朝廷心照不宣的共识。一个被"永不叙用"，一个被发配边疆，这两个人的命运被众人看得真真切切。张居正满身刺，谁敢动他就会被刺伤，重者丧命，轻者赶出朝廷。

只是，飞蛾扑火这样事情在历史上却不少见，此次事情的发生出乎张居正的意料，他万万没有想到，事情的主角竟然是他的学生——刘台。

刘台是张居正考取的进士，一直跟随在张居正左右。张居正担任首辅以后，便将其提拔，从原来的刑部主事升任监察御史巡按辽东。这一年，距离刘台考取进士仅仅两年，两年里能如此，实属罕见，全仗于张居正的提拔。刘台将满腔的感激化为死心塌地为张居正效命，可谓知恩图报。

无奈，天有不测风云，人有旦夕祸福。万历四年（1576年），一件事情让这师徒二人反目成仇。

这年秋季是个丰收的季节，明军对蒙古族作战也取得了极大胜利。这本是一件喜事，最后却转化成一场恩仇怨事。

辽东总兵李成梁率军击退鞑靼，取得了辽东大捷的胜利。按照惯例,捷报要由总兵与巡按御史联合上疏传达,但是这个刘台为邀功出众,便抛开总兵,单独奏报,有越俎代庖之嫌。

这事传到张居正的耳朵里,张居正当场发飙。规矩是我定的,你作为我的学生却不按规矩办事,让我如何向天下人交代?张居正当即给刘台写信将其训斥一番。

这里面有抓典型,做给旁人看的成分。谁知这刘台年轻气盛,哪里服气,受不了这小小的挫折,一时怒气冲冠,竟然上疏弹劾了自己的老师。

学生弹劾老师,这是大明开国以来的首例。专擅国权,作威作福,驱逐高拱,私授王爵,如此等等,把张居正执政以来的专横与不检点之处,一一抖出,并大加鞭挞。刘台言辞之犀利,让在座各位唏嘘不已。张居正被震撼了,随后愤慨之极,忍不住老泪纵横,跪求辞职归田以谢不教之罪:"国朝二百年来,并未有门生排陷师长,而今有之。"

张居正若是一走,这大明将步伐不稳,必将坠入深渊。当务之急,是处置刘台,缓和张居正的怨气。刘台被贬为庶民,驱逐出朝廷,后来又被人弹劾贪污枉法,被发配广西。

神宗一再下诏挽留,又将刘台查办,张居正的怒气终究是被压了下去,半推半就继续上任。

第三章

万历:我练的不是贱,是无奈

抄家伙,出气的时候到了

日月如梭,眨眼间十年过去了,神宗已长大成人,到了可以亲政的年纪，也懂得了功高震主一词的含义，只是，内有冯保，外有张居正，他们二人共同把持着朝政，神宗只是个光杆司令。

神宗小小年纪时，自是乐见张居正当政，而今他急于享受手握权力的快感，而张居正却独揽大权，这大权本是他神宗所有。神宗的皇权遭遇了张居正的相权，冲突一触即发。"万历失德"的指责久久回荡，张居正如此蔑视圣上，神宗已将张居正划为敌人的行列。

再者，张居正平日里对神宗甚是严格，让神宗越来越反感，这种不满日益积累，转化成为仇恨。史书记载，一日神宗读书，读至"色勃如也"之时，因走神，将"勃"误读为"背"，而遭张居正严厉训斥，神宗惊惶失措，默不作声，神态宛如遭遇恐吓一般。

仇恨的种子一旦种下，沾水迹则生根，得阳光便发芽。这二人面合心离，已经背道而驰、渐行渐远。当年彼此之间的关怀与敬爱，烟消云散，再也找不回来了。

两年前，神宗因醉酒，被冯保告状，慈圣皇太后震怒之下，差点将神宗废掉。张居正上疏进谏，神宗被罚在慈宁宫跪了六个小时，后张居正替神宗写下《罪己诏》才了事。神宗越发厌恶张居正与冯保，视他二人为眼中钉、肉中刺，不拔掉便寝食难安。

张居正的地位正稳如磐石，以神宗之力，想扳倒他，那简直是天方夜谭。神宗有自知之明，他的目标先是瞄上了冯保，这个陪伴了自己近20年的大伴。冯保终究是神宗身边的一个奴才，任凭神宗的处处刁难，却也无可奈何。在宫中，唯有小心翼翼、步履维艰地处事，终究是自身难保了。

慈圣皇太后看神宗已经长大成人，便还政于神宗，悄然隐退，不再过问政事。当初的铁三角，如今已经四分五裂，危机正一步步向张居正逼近。

真是屋漏偏逢连夜雨，这年是万历十年（1582年），举国还未从春节的喜气中恢复过来，张居正却病倒了。张居正这病得的突然，乃是痔疮。都说病来如山倒，病去如抽丝，这话一点都不假，张居正一连在床上躺了三个月，仍不见好转。

痔疮在今日看来，实在不算什么大病。依中医学的理论，痔疮的产生，乃是因为"久坐则血脉不行，久行则气血纵横，经络交错。久坐久行，劳累过度，使肠胃受伤，以致浊气淤血，流注肛门而生痔疾"。总归一句话，就是劳累过度所致。再加上朝廷之中众多的不顺心让其"气血侵入大肠，结积成块"，便形成了痔疮。

今日，若是听闻因痔疮而死亡，那足以让人笑掉大牙。就算是在当时的医疗条件下，痔疮也不足以夺去一个人的生命。但是这个人是张居正，不可一世的张居正，就像他说的，权力在握，一切皆有可能。是的，痔疮虽小，却足以致命。这真是一种讽刺，纵使你拥有倾国权势，却奈何不了一个小小的痔疮。

张居正在床上躺了三个月，他心急，他食不甘，寝不寐。这痔疮就是好不了，越好不了，他越急，如此一个恶性循环。

张居正等不得了，太多事情让他放心不下。朝中不能没有他，慈圣皇太后已经隐退，铁搭档冯保也成了众矢之的，自身难保，朝中还有谁可以支撑局面。张居正把朝中亲信细数一遍，没有一个有这样的胆识，没有一个有这样的能力。看看那些蠢蠢欲动、好不安分的反对派，张居正哪里还在床上躺得下去。

听闻神宗日日酗酒，其铺张浪费之本性也渐渐显露，多年的相处让张居正看透了神宗的本质，没有张居正的压制，神宗必定走入极端，张居正再也躺不住了。

更令张居正担忧的是，10年改革，初见成效，大明王朝正生机盎然，大步走入正轨。可是，潜伏的敌人，时刻伺机行动，推翻新政。如此一来，一生的心血就会付诸东流，张居正不允许这样的事情发生。现下，是作决定的时刻了。

这日，宫中御医云集于张居正宅中，眉头紧锁，商量不出一个好的方案。张居正命令他们给自己做割除痔疮的手术，以斩草除根，永绝后患。但是，看众御医紧锁的眉头，我们可以猜测，他们没有十足的把握。成功与否，取决于天意。

张居正把自己的命运交给了上天，只是，上天没有眷顾张居正，手术使他元气大伤，张居正再也起不来了，终究是回天无力。

万历十年（1582年）六月二十日，张居正撒手人寰，与世长辞，这年张居正58岁。

张居正的死，有人欢喜有人忧。在这悲喜交加的时刻，表面上的功夫总是要做的，神宗为之辍朝，并赐谥号"文忠"，赠上柱国和太师的美誉。张居正的葬礼办得极尽奢华，阴间的他仍享受着在世间的一切富贵。

只是，在张居正尸骨未寒之时，一场针对他的风暴袭来了。神宗的报复拉开了帷幕，首先遭殃的是张居正的亲信。张居正重用的一批官员要么被削职，要么被弃市，无一有好下场。

冯保是个重点清算对象，江西道御史李植上疏弹劾冯保十二大罪状，随后，查抄冯保家产，并把他发配到南京孝陵种地。冯保的弟弟冯佑、侄子冯邦宁也受到牵连，这二人都是都督，被削职之后又遭逮捕，最终死于狱中。

张居正的家属当然不能幸免，饿死的、自杀的、流放的、逃亡的，一时之间其悲壮，无不让人心生感慨。一国权臣，生前是何等风光，竟然落得如此可悲的下场。如果张居正泉下有知，他该是怎样的无奈。

张居正的新政是又一个攻击的对象，所谓人亡政息，众多小丑粉墨登场。张居正在万历六年（1578年），以户部颁布的《清丈条例》为依据，开始对全国的大部分土地进行清丈，至万历八年（1580年）清丈完毕。

一生为国任劳任怨，竟然换来如此结局。看黄仁宇的《万历十五年》，里面有一章说，世间已无张居正。正如黄仁宇所说，张居正死后，神宗并没有支撑起庞大的帝国，反而开始长期怠政。庞大的大明朝失去了重心，深一脚、浅一脚，再也站不稳，摇摇欲坠，终究是踏入危机，走向深渊。

皇帝休长假

这是一个"物极必反"的时代。在它的初期,本已露出了国家复兴的曙光,却随着帝王的沉沦而露出破败之相。从国家改革之后的繁荣,军事上的大放光辉,变成改革夭折、武事消弭、朝臣沉默、君主怠政,这种前后巨大的落差,让后世之人无法洞悉其中的玄机。

清算了张居正的"遗风",神宗万历终于长长地呼出一口"恶气"。他可算是不用受人摆布,树立了皇帝自己的权威,开始了亲政的日子。

这时的明朝似乎可以用"四海升平"来形容,毕竟张居正改革的优势还在。不过,几位曾经名扬在外的人物逝去,继他们之后便再也没有一个力挽狂澜的人出现,似乎在昭示着这个国家要灭亡。

张居正死了,万历差点掘他的坟,鞭他的尸。戚继光也死了,威风八面的他晚景无限凄凉,连妻子也把他抛弃了,他只好随海风而逝。狂书生李贽被万历皇帝以"敢倡乱道,惑世诬民"定罪,他那"反孔子"的《焚书》彻底地被皇帝焚毁了,他自己也在狱中割喉,他那惊世骇俗的思想也就成了时代的绝响。

作家夏坚勇说,这个时代的改革夭折了,武事消弭了,思想自刎了,只剩下几个不识相的文臣在那里吵闹着"立国本",却被皇帝打烂了屁股,又摘了乌纱帽,发配得远远的,至此皇帝就不用上朝了。

万历皇帝是一个权力欲极重的人,但是他在早期也不是个平庸的君主,毕竟在其当政的早期,他搞定了三大征,即东北、西北、西南边疆几乎同时开展的三次军事行动:平定蒙古鞑靼哱拜叛乱;援朝抗日战争;平定西南杨应龙叛变。皇帝对于每一次军事行动,似乎都充分认识到其重要性。而且,在战争过程中对于前线将领的充分信任,对于指挥失误的将领的坚决撤换,都显示了他的胆略。

可是,这样一个本应是好皇帝的君主,怎么就沉沦成为后来的昏君了呢?不用后人去总结,皇帝当时的臣子就给他列出来了。

大理寺左评事雒于仁上了一疏,疏中批评神宗纵情于酒、色、财、气,并献"四箴"。这"四箴"可把皇帝气疯了,于是办了雒于仁,但这"四箴"恰恰可以形容万历帝的后半生。

万历皇帝在处理了张居正、平定三方之后,彻彻底底不理朝政,他整天哼哼唧唧,说自己"一时头昏眼黑,力乏不兴"。礼部主事卢洪春还为此特地上疏,指出"肝虚则头晕目眩,肾虚则腰痛精泄"。不久,神宗又自称"腰痛脚软,行立不便",病情加剧,于是真的不再上朝,总是召首辅沈一贯入阁嘱托后事。

其实他的这些毛病正被雒于仁说中,都来源于他的贪酒、贪色、贪财、贪享乐。

万历好酒,一则他自己爱喝,二则明末社会好酒成风。清初的学者张履祥记载了明代晚期朝廷上下好酒之习:明代后期对于酒不实行专卖制度,所以民间可以自己制造酒,又不禁止群饮,饮酒成风。喝酒少的能喝几升,多的无限量,日夜不止,朝野上下都是如此。神宗的好酒,不过是这种饮酒之风的体现罢了。

爱美之心人皆有之,万历自己也承认自己很好色。但他对专宠贵妃郑氏,有自己的说法:"朕好色,偏宠贵妃郑氏。朕只因郑氏勤劳,朕每至一宫,她必相随。朝夕间她独小心侍奉,委的勤劳。"这样一个"勤劳"的妃子,把万历迷住了,万历日日宠幸,怎能不肾亏?

至于贪财一事,万历在明代诸帝中可谓最有名了。他说:"朕为天子,富有四海之内,普天之下,莫非王土,天下之财皆朕之财。"在他亲政以后,查抄了冯保、张居正的家产,就让太监张诚全部搬入宫中,归自己支配。为了掠夺钱财,他派出矿监、税监,到各地四处搜刮,他把钱当成命根,恨不得钻进金银堆里。

关于"气",万历有说:"人孰无气,且如先生每也有僮仆家人,难道更不责治?"看来他认为惩治那些不听他的大臣,便是一种生气。然而,这个皇帝"气"倒是没有生太多,反正他对朝政爱理不理,但是他好鸦片可是不争的事实。

他死时58岁,本来并不算老,可是他未老先衰,更抽上了鸦片。

鸦片可能没有缩短他的寿命，却毒害了他的精神。他的贪婪大概是天生的本性，但匪夷所思的懒惰，一定是出于鸦片的影响。

这酒色财气外加一个鸦片，万历的身体能撑到58岁，已经是个奇迹。如此倦怠的脾性，他敢在当政后期近30年不上朝，也没什么稀奇。黄仁宇先生笑称这万历以帝王的身份向臣僚作长期的消极怠工，在历史上也是一个空前绝后的例子。

确实如此，纵览明朝的十几个皇帝中，将先人的统治手段遗传得最彻底的当属万历帝，他既有祖传的愚暴，又有鸦片烟瘾。从一代名臣张居正去世开始，他就很少和大臣见面，直到万历十七年（1589年）的正月初一，那是天经地义必须跟群臣见面的大典，万历帝却下令取消。而且从那一天之后，万历帝就像被皇宫吞没了似的，不再出现。他这一隐就是26年，万历四十三年（1615年），他才因"梃击案事件"勉强到金銮殿上亮了一次相。

那一年，一个名叫张差的男子，闯入太子朱常洛所住的慈庆宫，被警卫发现逮捕。政府官员们对该案的看法分为两派，互相攻击。一派认为张差精神不正常，只是一件偶发的案件；另一派认为它涉及夺嫡的阴谋——万历帝最宠爱的郑贵妃生有一个儿子朱常洵，她企图使自己的儿子继承帝位，所以收买张差行凶。万历帝和太子都不愿涉及郑贵妃，为了向官员们保证绝不更换太子，万历帝才在龟缩了26年之后，走出他的寝宫，到相距咫尺的宝座上，亲自解释。

这一次朝会很是有趣。万历皇帝出现时，从没有见过面的宰相方从哲和吴道南，率领文武百官恭候御驾。然后万历和他的太子开始向大臣们表示彼此关系的亲密，以及对太子的信任，并询问诸大臣有何意见。当时方从哲除了叩头外，不敢说一句话，吴道南则更不敢说话。两位内阁大人如此，其他臣僚自没有一人发言。御史刘光复大概想打破这个僵局，开口启奏，可是，一句话没说完，万历帝就大喝一声："拿下。"几个宦官立即把刘光复抓住痛打，然后摔下台阶，在鲜血淋漓的惨号声中，他被锦衣卫的卫士绑到监狱。对这个突变，方从哲还可以支持,吴道南自从做官以来,从没有瞻仰过皇帝仪容,在过度的惊吓之下,他栽倒在地,屎尿一齐排泄而出。万历帝缩回他的深宫后,众人把吴道南扶出,他已吓成了一个木偶,两耳变聋,双目全盲,几日之后方才渐渐恢复。

这就是26年之后唯一的一次朝会,没谈国家大事,只有皇帝那声"拿下",让大臣们胆战心惊,且后果惨重。从此又是5年不再出现,5年后,万历帝终一命呜呼。

女真兴起

嘉靖三十八年(1559年)清晨,建州左卫正沉浸在一片安宁之中,人们就要从睡梦中醒来,新的一天就要开始。一声嘹亮的婴儿啼哭哭打破了这份宁静,惊醒了沉睡中的万物。女真奴隶主贵族塔克世喜得贵子。

这个孩子除声音洪亮之外跟普通的孩子无甚差异,但是,你若知道了他的大名,必定惊叹不已。此儿乃是努尔哈赤,埋葬大明王朝的掘墓人,未来新朝的奠基者。

女真族,是一个古老的少数民族,世代生活在东北地区。"金之先,出靺鞨氏。靺鞨本号勿吉。勿吉古肃慎地也。元魏时,勿吉有七部:曰粟末部,曰伯咄部,曰安车骨部,曰拂涅部,曰号室部,曰黑水部,曰白山部。隋称靺鞨,而七部并同。唐初,有黑水靺鞨,粟末靺鞨,其五部无闻。"(《金史》)

根据史书记载,在隋唐时期,女真族被称为"黑水靺鞨",到唐朝末年才改名为"女真"。到了辽,为了避辽兴宗耶律宗真的名讳,而称为"女直"。后又改回女真,此称呼一直到皇太极改女真为满洲而停用。

女真人在历史上多有建树,曾先后建立过金朝、东夏、后金等政权。

言归正传,努尔哈赤的诞生,带女真进入了一个不一样的天地,这还需从李成梁镇守辽东说起。

张居正任首辅以后,"用李成梁镇辽,戚继光镇蓟门",李成梁镇守辽东有30年之久,辽东边境有蒙古人与女真人威胁,但是当时主要威胁来自蒙古,明朝将矛头全力指向蒙古。加强军事防御以外,还用羁縻政策,与蒙古建立封贡关系。

随着蒙古鞑靼部首领俺答汗的归西,明朝对蒙古的控制就逐渐松弛,蒙古各个部落的矛盾也逐渐激化,明争暗斗,相互倾轧,李成梁利用各部之间的矛盾各个击破,屡战屡胜,蒙古逐步走下坡路。

在打击蒙古的同时,也不忘海西女真的威胁。明代女真分裂为建州女真、海西女真、东海女真和黑龙江女真。当时,真正对明朝构成威胁的是海西女真,海西女真不仅实力最强,且靠近辽东腹地。李成梁多次对海西用兵,大获全胜,致命的打击使其不敢越边界一步。

李成梁一手打蒙古,一手攻海西。一个潜在的危机,悄然兴起而不自知,努尔哈赤领导建州女真乘隙崛起。

话说这李成梁与努尔哈赤可谓关系复杂,不是一句两句就能说清楚的。年少时,努尔哈赤曾在李成梁手下供事,而李成梁的儿子娶了舒尔哈齐之女为妾,这舒尔哈齐不是别人,乃是努尔哈赤的亲弟弟。当时有民谣为证"奴酋女婿作镇守,未知辽东落谁手"。

但是,这李成梁也是努尔哈赤的杀亲大仇人。这事,还得从努尔哈赤的外祖父说起。

努尔哈赤的父亲塔克世,娶了三个妻子,努尔哈赤的生母喜塔喇氏,乃是建州卫首领王杲的女儿。这王杲足智多谋,又骁勇善战,汉化程度较深,是建州女真部的著名首领。

只是,这喜塔喇氏短命,在努尔哈赤10岁的时候就去世了。努尔哈赤的好日子到此为止,继母对他百般虐待,为生存他只能自求温饱。

15岁那年,努尔哈赤不堪继母虐待,带领10岁的弟弟舒尔哈齐投奔外祖父王杲去了。

这个王杲,仗着实力雄厚,便常常骚扰边境。万历二年(1574年),

王杲以朝廷断绝贡市、生活物资短缺为由大举进犯沈阳。

神宗任命辽东总兵李成梁为总督，剿匪平叛。李成梁六万兵力，围攻王杲营寨。王杲的营寨在山上，地势险要，又有城墙高筑，可谓易守难攻。李成梁先以火攻，营寨漫天大火，守军不攻自破。李成梁"毁其巢穴，斩首一千余级"。

王杲骑马逃跑，因其身穿红袍，甚是好认，追兵穷追不舍，王杲胳膊中箭落马，后与随从换衣而逃。

王杲刚出狼窝又入虎穴，遭遇海西女真哈达部首领王台，这个王台为邀功，将其捆绑，献给朝廷。

王杲被杀，其子阿台侥幸逃脱，其他亲属被流放。投奔外祖父的努尔哈赤兄弟二人也被捕，生死未卜。

努尔哈赤跟随外祖父多年，习得一些汉语，便以汉语对李成梁一番恭维之言，好话谁不爱听，李成梁见其聪明伶俐，便将他们兄弟二人赦免了，还让其在自己的手下供事。

在鬼门关上走了一趟，努尔哈赤又回来了，李成梁不知道，他这么做是在放虎归山，为大明留后患。他当然更不能想象，这个手下的小喽啰，会是大明王朝的掘墓人，一念之差，李成梁成就了一个人，更成就了一个新的王朝。

努尔哈赤毕竟是马背上长大的孩子，马术、弓射无不精湛，征战更是骁勇，可谓有勇有谋，是个将才，李成梁对他非常赏识，让其跟随左右。

努尔哈赤对李成梁也是无比恭敬、无限忠诚，但是，这种感情并不单纯，毕竟是杀亲仇人。他始终在报仇与效忠之间犹豫不定，这份徘徊最终使他离开李成梁。

这年，努尔哈赤的父亲塔克世来信，让其回家成亲，努尔哈赤借机离开了李成梁。这时距离他入李成梁麾下，有3年之久，努尔哈赤已19岁。

王杲之子阿台逃出以后，便依山筑城，蓄积力量，以伺时机，为

137

父报仇。还未等其准备妥当，李成梁便带兵打来了。

万历十一年（1583年），李成梁以"阿台未擒，终为祸本"为由，说服神宗，再次围剿阿台。时努尔哈赤的祖父觉昌安、父亲塔克世也在城内。

这年，女真部族矛盾丛生，相互攻讦、互为倾轧之事常常发生。建州女真苏克苏浒河部图伦城的城主尼堪外兰与阿台素有矛盾，为报仇，便自请带兵攻城。

尼堪外兰足智多谋，在城外宣扬凡能杀阿台者，便可为此城城主。重赏之下必有勇夫，阿台部下信以为真，将阿台杀掉，树白旗，开城门。

明军破城而入，大开杀戒，不分男女老少，一时之间，血流成河。努尔哈赤的祖父、父亲皆被杀害。

努尔哈赤听闻亲人遇害，悲痛不已，单骑入李成梁营帐，质问："我祖、父何故被害？汝等乃我不共戴天之仇也！汝何为辞？"李成梁无言以对，沉默良久，答："非有意也，误耳！"如此便把努尔哈赤打发了，努尔哈赤哪里肯善罢甘休，下定决心，这不共戴天之仇，终有一日要连本带利索要回来。

朝廷为示安慰，赐予他"敕书三十道，马三十匹"，加封建州左卫都指挥使。所谓君子报仇，十年不晚，况且如今实力不足，需蓄精养锐，以待时机。努尔哈赤表面上欣然接受，但是仇恨的火苗已经燃烧成熊熊烈火。努尔哈赤这熊熊烈火将要引燃整个大明，让整个大明葬身火海，这个代价却是够本。

努尔哈赤以父亲遗留的13副铠甲起兵复仇，第一个目标便是尼堪外兰，以百余人的兵力将其除掉，这一年努尔哈赤25岁。

努尔哈赤下一步的目标便是统一女真各部。这是一个艰难的任务。在统一的过程中，努尔哈赤对明朝的政策也不断随着实力的增强而变化。阎崇年将其归纳为两面政策，即先是只称臣，不称雄；继而明称臣，暗称雄；进而边称臣，边称雄；最后不称臣，只称雄。此种说法，甚是妥当。

努尔哈赤统一女真各部,始终贯彻"顺者以德服,逆者以兵临"的战略方针。功夫不负有心人,用时36年后,终大功告成,一个强大的女真兴起了。

第四章

朱常洛的悲催生涯

皇帝很烦恼,皇帝不高兴

在一个炎热的中午,明神宗突然"神"性大发,独自在皇宫踱步。一个人在树荫下走来走去,看着蝴蝶成双成对地飞来飞去,他突然觉得有点寂寞。那个时候,明神宗已经有皇后了。可是,皇后的肚子非常不争气,几年都没生一个孩子。想到自己年纪不小了,却还没有皇位的继承人,明神宗越想越郁闷。

走着走着,抬头一看,明神宗才发现他来到生母慈圣太后的慈宁宫。慈圣太后原本是一个地位卑微的宫女,神宗的老爹穆宗一次偶然的临幸,让她怀了孕。生下神宗后,慈圣太后的生活从此改变,这叫母因子贵。然而,神宗遗传了皇室血脉中的高傲和自负,他总为自己的生母出身卑微而羞愧,有时甚至不想见到慈圣太后。作为疼爱子女的老母亲,慈圣太后的心思非常细腻,一看神宗的脸色,她就知道神宗在想什么。既然神宗嫌弃,不愿见面,慈圣太后也不勉强。因此,几十年下来,神宗同慈圣太后见面的时间并不多,彼此的感情就如山间缥缈的烟雾,若有若无,时多时少。

尽管神宗不愿见到慈圣太后,他自幼受到孝定太后的教育,孝顺父母的心还没完全泯灭。既然来到生母的住所了,无论如何都要进去逛一圈，否则即使有一千个理由也说不过去。事有凑巧，慈圣太后不在，也就是说神宗可以马上转身就走。可是，神宗觉得走累了，就随便坐下歇歇。

一位姓王的宫女端来茶水时，神宗正怔怔地看着窗外，细想人生。不可否认，神宗是一个多情种子，这从他对郑贵妃的宠爱可以看出。就在转头这一瞬间，神宗突然发现，眼前的宫女有几分姿色。必须强调，这位姓王的宫女只有几分姿色，否则，后来的事就不会发生了。

被皇帝看上，宫女无论如何都不能拒绝，何况这时的神宗还没有生一个儿子。如果这位姓王的宫女的命同慈圣太后的一样好，皇帝一次偶然的临幸就能生出龙种，她的生活将会从此改变。很巧，神宗这次偶然的临幸，这位姓王的宫女真的怀孕了。更为奇特的是，这位宫女生下的孩子，是一个胖嘟嘟的大男孩。

听了这事后，神宗简直不相信自己的耳朵。他同皇后生活了几年，皇后连一个男孩都生不出。可是，一次偶然的临幸竟然使一个地位卑微的宫女为他生了第一个男孩，真的太意外了。为了保全面子和维持傲慢自负的人格，神宗决定否认此事。他是这么想的，堂堂一国之君，竟然同一个地位卑微的宫女生下一个未来的皇帝，传出去岂不让人笑破肚皮。其实，他这位堂堂的一国之君，原本不过是一个地位卑微的宫女的孩子。神宗看不起地位卑微的宫女，有着极其深刻的心理发育不正常的原因。

神宗以临幸宫女为耻，他生母慈圣太后却以宫女生下龙种为荣。听说这位姓王的宫女为她生下第一个孙子后，慈圣太后可乐开花了。听说神宗想否认此事后，慈圣太后气得连地皮都给跳破了。凭着惺惺相惜的感情意气，这位曾经是宫女的慈圣太后决定插手干预，为姓王的宫女讨一个公道。多年以来，这是慈圣太后第一次同神宗叫板。

在进行对质的时候，一个太监的出现彻底击败了神宗的抵赖。对皇帝的生活起居，明朝有一整套严密的监视系统，太监因身份特殊因而被委以监视皇帝的重任。具体来说，皇帝何时起床、夜晚同谁睡觉、白天到哪里逛都有太监监视。这些太监不仅负责监视皇帝的一言一行，还进行记录，即使是皇帝的性生活，也要完完整整、一字不漏地记录。这些关于皇帝言行举止的记录，全部记录在一本名叫《起居注》的书中。

面对铁证如山的白纸黑字，神宗即使有"神"性，也不得不承认，后来追立姓王的宫女为恭妃。心中的大石落地后，慈圣太后和蔼地对神宗说，她年纪一大把，还不知道抱孙子是什么滋味。既然上天通过恭妃的肚子成全她，神宗应该好好地对待恭妃。神宗满口应承，心里却巴不得恭妃母子早死。

在皇宫大院内，有母因子贵，也有子凭母贵。可惜，恭妃母子命苦，神宗没有因为恭妃生了一个儿子而加倍疼爱她，她的儿子朱常洛反而因为母亲出身低微而被神宗轻视。朱常洛生于万历十年（1582年），在之后的岁月里，陪伴他的不是父亲的慈爱，而是父亲的冷漠。一个小小的孩子，天天都要面对冷漠的父亲，并且要极力讨父亲的欢心，这对朱常洛的伤害是何其大。

朱常洛母子等了4年，都没有等到神宗册立长子朱常洛为太子。4年以来，有不少为国家前途担忧的大臣多次上书，奏请神宗早些册立朱常洛为太子。可是，神宗对此置若罔闻，等闲视之。如果有的大臣的请求册立太子的呼声太高了、过火了，神宗就略微惩罚一下，以示警诫。

4年后的一天，朱常洛母子的生命里出现了两个人，就是大名鼎鼎的郑贵妃母子。与恭妃相比，郑贵妃不仅出身好，人长得漂亮，更为重要的是她能迷住神宗。万历十四年（1586年），郑贵妃成功为神宗生了一个儿子，取名朱常洵。子因母贵的老惯例，在朱常洵身上得到了完美的体现。

利用神宗的宠爱，野心不小的郑贵妃天天在神宗耳边吹风，劝说神宗立朱常洵为太子。这个朱常洵由于处在郑贵妃和神宗的宠爱之中，整天欢蹦乱跳，比一天到晚闷闷不乐的朱常洛讨人喜欢多了。综观当时的局势，大明朝的下一任皇帝，注定要在这两个同父异母的兄弟中产生。

万历想废长立幼，这从他平常的一举一动中都可以看得出，因为他对待朱常洵母子好得不能再好，对待朱常洛母子却差得不能再差。然而，如果神宗想废长立幼，必须先过文武百官，尤其是不怕死的士大夫那一关。这帮士大夫深受长幼尊卑的影响，即使鬼头刀架在脖子上，他们也不同意废长立幼。

等了几年，头发都等白了，还不见皇帝册立长子朱常洛为太子，反而见到神宗废长立幼的苗头越来越茁壮，户部给事中姜应麟第一个向神宗发难。在奏疏里，他要求神宗早些册立太子，以安定天下。他的原话是"册立元嗣为东宫，以定天下之本"（《明史》）。自古都认为太子是天下之本，因为神宗册立太子一事引发了一系列的矛盾斗争，因而相关一系列的斗争被称为"争国本"。

姜应麟的这一封奏疏就像投向平静湖面的一块大石，顿时激起千层浪，整个大明朝廷都受到了影响。附和他一起主张册立朱常洛为太子的人有吏部员外郎沈璟和刑部主事孙如法。因为神宗不理不睬，六部尚书和首辅等人相继加入奏请立长子为太子的战斗。从当时的情况看，册立太子之请已经从个人奋斗发展到了群情激愤的状态，使情况更为复杂的是，朝臣内部出现党派之争。如果神宗再不采取措施，事态将越发严重，后果将不仅仅是影响太子的册立。

紧接着，为控制事态，神宗终于以积极镇压的方式对这一事态做了消极的回应。那些呼声最高、号召力最强的官员纷纷被各种罪名贬斥，大部分人被革职查办，不少人被发配充军，有的甚至被问罪入狱。

册立太子：总算熬到头了

神宗皇帝没有大谋略，也没有大气魄，可是他的小聪明很多。他嘴上答应送朱常洛出阁读书，也履行诺言了，可是他的一切安排却大出众人的意料。面对这个专门耍小聪明的皇帝，士大夫们只能感到哭笑不得。

朱常洛出阁读书的时候，年纪已经15岁了。这15年来，他们母子一直生活在神宗的阴影里。如果神宗不笑，他们母子绝不敢笑；如果神宗哭泣，他们母子不得不跟着哭泣。更令人气愤的是，神宗竟然对他们母子玩冷暴力。心情好的时候神宗不理睬他们母子，心情差的时候神宗就拿他们母子当出气筒。

这些年来，朱常洛母子所过的生活，简直不是正常人过的。如果没有士大夫们拼死力争，他们母子可能早就已经到阎王爷那儿报到去了。以朱常洛出阁读书为例，神宗胡乱为他请了一个老师。更令人感到好笑的是，为了让这个老师消极怠工，神宗竟然不给他提供饭菜。然而，上天总是眷顾善良的。这个老师有一身铮铮铁骨，神宗不给他提供伙食，他就自带伙食。这个老师也许没有教给朱常洛很多知识，但是朱常洛至少从他身上学到什么是"自食其力"。

在册立太子一事上，神宗死拖，硬生生使这场斗争持续了15年。这15年来，一共有四个首辅因为"争国本"一事被逼退。其他人都走了后，沈一贯在万历二十九年（1601年）成功登上首辅的宝座。沈一贯曾与张居正、申时行和王锡爵等人共事，但他的才能和为人都没有这些人好。《明史》对沈一贯的评价是圆滑融通，知道权变，这就不难理解他能够坚持到最后的原因。

刚刚当上首辅，同前几任一样，沈一贯马上上书，奏请神宗册立朱常洛为太子。他的理由是，朱常洛已经不小了，到成婚的年龄了。如果神宗册立朱常洛为太子，他就能马上结婚。只要太子成婚，神宗就有孙子抱了。

这封奏疏看似简单，含义却很深。首先，这个时候的神宗已经有一大把年纪了，他不能指望再让皇后生一个嫡子。明朝的祖训是立嫡不立长，可是神宗没有嫡子，只能册立长子。神宗也曾想过将朱常洵变为嫡子，可前提条件是郑贵妃被封为皇后。如果郑贵妃想被封为皇后，除非皇后死了或者被废黜。但是，皇后的身体健康得很，再活几十年都不会死。再说，皇后一生规规矩矩，堪称是天下的典范，神宗根本找不到废黜她的理由。

其次，因为"争国本"一事，神宗已经弄得众叛亲离，成了一个名副其实的孤家寡人。这10多年来，除了4位首辅被逼退外，还有10多位尚书级别的官员主动告老还乡，中央和地方的官员加起来一共有300多人受到牵连，其中被罢免、解职、发配的就有100多位。为了立一个太子，这么多人受到牵连，可以说"争国本"是万历年间最大的政治运动。更令人想不通的是，"争国本"这么一件纯粹的皇权争夺事件，竟然引发了深受历史诟病的党争。

促使神宗在万历十九年（1591年）立朱常洛为太子的另一个原因是，他得罪了一个绝不能得罪的人，就是身份尊贵的慈圣太后。由于慈圣太后的出身也是宫女，她也是在穆宗的一次偶然临幸才生下神宗。生活的相似性决定了慈圣太后对朱常洛母子十分偏爱，如果没有慈圣太后撑腰，神宗又怎么会承认朱常洛是他的孩子。

等了十几年，神宗还不册立太子，慈圣太后也加入战斗的行列。为了给朱常洛争取太子的身份，有事没事，慈圣太后都要去会会神宗。起初，母子相见，自然有许多话说。随着相见次数的增加，慈圣太后母子的话就越来越少。他们的话很少，可谈的都很关键，日子一长，神宗就发现，他母亲也赞同立朱常洛为太子。

一天，慈圣太后问神宗，为什么不立朱常洛为太子。不知道神宗在想什么，他竟然脱口说出，因为朱常洛是宫女的儿子。神宗还没反应过来，慈圣太后已经勃然大怒。她铁青着脸，厉声对神宗说，他也是宫女的儿子。

俗话说，儿不嫌母丑。神宗说这话的时候也许是无心的，但慈圣太后听了后却十分不舒服。神宗这句话明摆着嫌弃他母亲的出身。母亲辛辛苦苦养大一个孩子多么不容易，听到孩子嫌弃自己的话又多么伤心。看见慈圣太后勃然大怒，神宗才发觉自己犯了一个不可饶恕的错误。

尽管神宗连忙赔不是，可他对慈圣太后的伤害已经是事实。行动是最好的道歉。如果神宗立朱常洛为太子，表明他不嫌弃母亲是宫女的出身。相反，如果神宗不顾众人的反对，坚决立朱常洵为太子，表明他嫌弃母亲的出身。如果他真的立朱常洵为太子，慈圣太后可能到死都不会再同他说一句话。

从上述因素分析，神宗之所以答应沈一贯立朱常洛为太子，完全是局势所逼，而非沈一贯一个人的功劳。经过15年的斗争，神宗终于发现，如果要立朱常洵为太子，他必须击败士大夫集团和说服他的老母亲。但是，神宗脆弱得很，他根本没有足够的毅力和足够强大的能力击败这些对手。

"这一连串事件揭示了万历皇帝无力满足晚明存在的君主政体的需要。可是，这些事件也揭示了强加于君主的无法忍受的状况，这种状况是由情势而不是由阴谋偶然形成的。尽管是专制君主，万历皇帝却没有立法的权力。尽管是最后的裁决者，他却不得不在合法的迷雾中行事。而当他要朝廷承认他的人性需要时，他发现他什么也不能得到。在处理继任问题中，万历皇帝处境孤立。1601年，在来自他的顾问们的难以承受的压力下，他才同意立他的长子朱常洛为太子。过了13年之后，如王朝的则例所要求的，他打发他的第三子就藩。在其间的年代里，他变得完全和他的官员们疏远了。"（费正清《剑桥中国史·明史》）在争国本这件事上，不是万历输了，也不是士大夫们赢了；而是人性输了，制度赢了。

被册立为太子后，朱常洛第一个想见的人是他的生母王宫女。这15年来，不近人情的神宗将朱常洛母子分离，王宫女完全被幽禁起来，她没有要求见任何人一面的权力。即使朱常洛想见生母一面，也要先获得神宗的同意。

宫门打开的一刹那，朱常洛发现，他母亲已经病入膏肓了。多年以来，他一直想好好地对待自己的母亲，可是他连见她一面的自由都没有。等到他有见母亲的自由后，他母亲却没福享受。儿子看着病入膏肓的母亲，母亲看着长大成人的孩子，四目相对，久久默然。

在王宫女生命的最后一刻，她的脸上泛起莲花般的笑容。她翕动了一下嘴角，望着长大了的孩子，深情无限地说："儿长大如此，我死何恨。"（张廷玉《明史》）

多年来，王宫女一直过着孤寂而凄凉的日子。她之所以甘愿忍受煎熬，只想看到自己的孩子长大的这一天。

泰昌的大限到了

万历四十八年（1620年）七月二十一日夜，乾清宫中突然爆发出一阵哀痛的恸哭声，划破了夏夜的宁静，"皇帝驾崩"的消息犹如一声惊雷，在宫中炸开，皇城瞬间被死亡的气息笼罩，各宫如同炸了锅般的，皇宫顿时哭声一片，王子皇孙、妃嫔媵嫱们纷纷面朝乾清宫跪下，各宫道也都跪满了婢女和奴才。

万历皇帝就这么去了！

无论是帝王将相、英雄豪杰，都摆脱不了被时间终结的命运。不管之前万历皇帝有何功过是非，神宗的时代就这么结束了。

八月初一，太子朱常洛衣冠华贵，面带喜色，玉履安和，在万众瞩目中登上了皇位，接受来自全国人民的膜拜和崇敬，并宣布次年改元泰昌。泰昌帝一上台即展开新政，他在万历四十八年（1620年）七月二十二日和二十四日，各发银100万两犒劳辽东等处边防将士，同时，命令撤回万历末年引起官怨民愤的矿监和税监，召回在万历一朝因为上疏言事而遭处罚的大臣，增补阁臣，运转中枢，使得整个朝野都感动不已。

然而天有不测风云，登基大典后仅10天，也就是八月初十日，泰昌帝就突患重病。第二天的万寿节，也取消了庆典。万历四十八年（1620年）九月初一的黎明，噩耗再次从宫中传出，泰昌帝驾崩了！消息迅速传遍大街小巷，人们再次被震惊了。仅一个月的时间，新帝就驾崩了，京城几乎立即充满了关于暗杀、阴谋、篡位的谣言。

朱常洛患病的原因，正史中有记载。"光庙御体羸弱，虽正位东宫，未尝得志。登基后，日亲万机，精神劳瘁。郑贵妃欲邀欢心，复饰美女已进。一日退朝内宴，以女乐承应。是夜，一生二旦，俱御幸焉。病体由是大剧。"（文秉《先拨志始》）

就是说朱常洛本来身体就已经很羸弱了，这与其一直以来生活压抑有关。朱常洛不是一个一出生就享尽父母宠爱的皇子，他虽然贵为长子，却是他的父王偶然临幸宫女而生的，因此万历帝认为这是他人生的一个污点，打从心底里不喜欢朱常洛，自小朱常洛的内心就是孤苦与不甘的。但是他作为长子，有传统封建的官僚士大夫们的拥护，在他们的支持下，他坐稳了太子的位子。朱常洛自从做了太子之后，由于父亲朱翊钧对自己十分冷淡，生活失意，精神苦闷。所以大部分的时间，他纵情于酒色，因此身体慢慢变得虚弱了。

后来他终于苦尽甘来，登上了皇位，但又因为登基之初，许多政事骤然压来，他必然手忙脚乱、焦头烂额。但是为了证明自己的能力，为了不辜负众人的希望，也为了堵住反对者的口，稳定朝政，他每天都费尽心力地处理政务。繁忙的政务压得他喘不过气来，当时已年届39岁的朱常洛，身体也在这一天天中被累垮了。本来身体状况就已经存在很大隐患的朱常洛，又是个贪恋美色之人。郑贵妃"进侍姬八人，上疾始急"（明·谈迁·《国榷》）。本就喜爱女色的朱常洛，面对郑贵妃进献的8名美丽女子，自然每夜沉醉在温柔乡中。

八月初十日，朱常洛病重后，召医官诊视。十四日，掌管御药房的司礼监秉笔太监崔文升，向朱常洛进"通利药"，即大黄。大黄的药性是攻积导滞，泻火解毒，相当于泻药。这使得朱常洛在接下来的一昼夜，连泻三四十次，身体更加虚脱。他的病态更严重，已经处于衰竭状态了。

朱常洛病重，使得朝野舆论哗然，群情激愤，都在寻找幕后的策划人，不管这件事是不是真的是郑贵妃所为，她嫌疑最大，必然难脱干系。

从万历四十八年（1620年）八月初一日正式即位，到九月初一日驾崩，朱常洛为帝仅一月便一命呜呼了，还遗留下疑云重重"红丸案"，可以说朱常洛的一生是坎坷的，其情可悯。他的一生，就陷在这宫廷阴谋旋涡之中了，注定只能是场悲剧。

结语

日月无光，天黑黑

孔尚任《桃花扇》中有一段唱词这样写道：

高皇帝在九京，不管亡家破鼎，那知他圣子神孙，反不如漂篷断梗。十七年忧国如病，呼不应天灵祖灵，调不来亲兵救兵；白练无情，送君王一命。伤心煞煤山私幸，独殉了社稷苍生。

这是驻扎武昌的左良玉闻听京师陷落、朱由检殉国后的一番感慨。崇祯帝比其他的亡国之君幸运的是后人对他的宽容。

史学家孟森曾说："思宗而在万历以前，非亡国之君；在天启之后，则必亡而已矣！"明朝历经万历、天启两朝后，已经是奄奄一息，到朱由检时要想振兴已是非常困难了。当时各种社会矛盾非常突出：国内朝廷里结党营私，农民起义连续暴发；关外是后金入侵。不断的天灾，对这个摇摇欲坠的王朝来说更是雪上加霜。朱由检面对如此复杂、风云难测的形势，已是有心救国也无力回天了。加上他自身性情复杂，不能知人善任，没有治国之才，清醒与昏庸集于一身，明朝灭亡已是必然。史学家蒙森就指出朱由检"苛察自用，无知人之明""不知恤民"。

所以这样一个立志有为的皇帝最终成为一个亡国之君，我们不得不承认这和他自身缺陷有关系。

翻开明朝的历史，闹剧不断，真是怪事朝朝有，此朝特别多。除了朱元璋、朱棣、朱瞻基、朱祐樘等少数几个明主之外，明朝的许多皇帝都仿佛荒诞剧中的主人公。有几十年不上朝的，有死于红丸的，有热心木工事业的，有微服出行游龙戏凤的，实在是热闹非凡。内有奸宦王振、曹吉祥、刘瑾、谷大用、魏忠贤、王承恩，相继把持朝政，党争不断；外有边患，蒙古、瓦剌、女真相继而起，战事频仍。

等到朱由检即位时，明朝已然日薄西山，妙手亦难回春，但这位新皇帝依然怀有希望，当他雷厉风行地清除了魏忠贤和客氏的势力，肃清阉党之祸后，朝野上下也曾有所期盼。无奈，大明已经病入膏肓，加之崇祯帝虽着力做个英明之主，但又难以避开个性上的种种缺陷。

柏杨在《中国人史纲》中调侃："明王朝最后一任皇帝朱由检并不是不想把国家治理好，但他没有治理国家的能力，犹如小学生没有写出博士论文的能力一样。他精力充沛，沾沾自喜于自己明智的措施，发脾气的时候不可理喻，而且几乎是一天二十四小时都在发脾气。他对自己的错误永远有动听的掩饰，绝不寻求更正，却喜欢他的部下歌颂他英明。"

或许是自幼生活环境的复杂与提心吊胆，直到即位之初朱由检也一直小心翼翼，也由此决定了他多疑、刚愎自用、驭下苛刻而寡恩的性格。他在位十七年中，频繁更迭阁部臣僚，自从杀了袁崇焕后，他越发不信任大臣，多次诛杀督抚大吏。

果真是性格决定人生，虽然他勤于政事、不贪女色、呕心沥血，但他的性格缺陷又给明朝的统治危机推波助澜。汤纲、南炳文在《明史》中陈述了崇祯的三大短板：一是急于求成，导致了"功令太严，吏苦束湿"；二是虚荣而刚愎自用，给奸佞之徒钻了空子；三是不信任百官，寄希望于宦官，加重了政治的混乱。

因此，对于朱由检，我们只能说他"心有余而力不足"，想做个力挽狂澜的有为君主，却亡于煤山的清风明月下。同样作为亡国君，比起软弱无能的汉献帝、荒淫无道的陈叔宝、暴虐无常的隋炀帝，人们对于崇祯还是比较宽容的。

孟森先生说:"熹宗,亡国之君也,而不遽亡,祖泽犹未尽也。思宗,自以为非亡国之君也,及其将亡,乃曰有君无臣。"

崇祯皇帝自缢时,在衣襟上留下了遗言,一行是:朕自登基十七年,逆贼直逼京师,虽朕薄德貌恭,上干天咎,然皆诸臣之误朕也。朕死无面目见祖宗于地下,去朕冠冕,以发覆面,任贼分裂朕尸,勿伤朕百姓一人。另一行是:百官俱赴东宫行在。

"巍巍万岁山,密密接烟树。中有望帝魂,悲啼不知处。"300多年的光阴流转,究竟是海棠树,还是古槐背负着罪名,后人已不得而知,但大明王朝已随末代君主的魂飞魄散而走到了尽头。